Gisela Domke

Kurze französische Sprachlehre

Volk und Wissen
Volkseigener Verlag Berlin
1988

Die «Kurze französische Sprachlehre» wurde auf der Grundlage der Lehrbuchreihe «Bonjour, chers amis», Volk und Wissen Volkseigener Verlag, Berlin 1979 ff., neu bearbeitet.

Autor und Verlag danken Dr. Bernhard Wildenhahn (Humboldt-Universität Berlin), Jacqueline Dietrich, Nicole Krüger, Ulrich Krüger (Martin-Luther-Universität Halle-Wittenberg) sowie Prof. Dr. Johannes Klare (Humboldt-Universität Berlin) für ihre beratende Mitarbeit und Unterstützung bei der Entwicklung dieses Buches.

Vom Ministerium für Volksbildung der Deutschen Demokratischen Republik als Schulbuch bestätigt.

ISBN 3-06-520918-7

3. Auflage

Lizenz-Nr. 203 · 1000/88 (DN 52 09 18-3)
Printed in the German Democratic Republic
Schrift: 9/11 p Baskerville, Monotype
Gesamtherstellung: Grafischer Großbetrieb Völkerfreundschaft Dresden
Redaktion: Rolf Richter
Einband: Herbert Lemme
Illustrationen: Karl Schrader
Typographische Gestaltung: Atelier vwv, Dagny Scheidt
Redaktionsschluß: 5. Oktober 1987
LSV 0681
Bestell-Nr. 730 984 9
Schulpreis DDR: 3,00

INHALTSVERZEICHNIS

DER EINFACHE SATZ §§ 1–82

DIE WORTARTEN UND IHRE VERWENDUNG IM SATZ §§ 83–504

DER ZUSAMMENGESETZTE SATZ §§ 505–541

WORTBILDUNG UND ORTHOGRAPHIE §§ 542–578

SACHREGISTER

DER EINFACHE SATZ

Struktur des Satzes

Subjekt und Prädikatsverband

Voilà	René.
René	*est Français.*
Il	*travaille?*
Il	*écoute / des disques.*
René	*s'intéresse / à la musique.*
Il	*montre / un disque / à son ami.*
René	*est / dans sa chambre.*

1 Kern des Satzes ist in der Regel das Verb. Sein Fügungswert, d. h. seine Fähigkeit, sich mit anderen Wörtern zu verbinden, bestimmt im wesentlichen, welche Satzglieder im Satz auftreten.
Im Französischen gibt es folgende grundlegende Verbindungen eines Verbs bzw. eines présentatif mit bestimmten Satzgliedern:

2 présentatif + élément présenté

C'est	Sylvie?
Voilà	des bonbons.
Il y a	des assiettes sur la table?

3 • **c'est** gebraucht man, um für den Hörer bzw. Leser eine Person oder Sache zu benennen oder um sie einzuordnen:
C'est mon frère.
Das présentatif *c'est* steht auch bei einer Aufzählung mehrerer einzelner Personen oder Sachen:
C'est Monsieur *et* Madame Masson.
Vor einem Substantiv im Plural verwendet man *ce sont*: *Ce sont* des immeubles. In der Umgangssprache steht auch hier oft *c'est*:
C'est les journaux qui disent ça. Die Zeitungen schreiben das!

4 • **voilà** gebraucht man, um auf etwas bzw. auf jemand hinzuweisen. *Voilà* steht

— mit einem Substantiv:

Voilà ma chambre.	Da/Das ist mein Zimmer.
Voilà mes parents.	Da/Das hier sind meine Eltern. Da/Hier kommen meine Eltern.

— mit (vorangestelltem) pronominalem Objekt:

Tes disques? *Les voilà.*	Deine Schallplatten? Hier/Da sind sie.

! voilà – da/das *ist*; da/das *sind*

5 • *voici* wird wie *voilà* verwendet, ist aber in gesprochener Sprache weniger häufig. Also auch: *voici mes disques*; *les voici.*

6 • **il y a** gebraucht man,

— um das Vorhandensein einer Sache oder einer Person an einem bestimmten Ort auszudrücken (dtsch. «stehen, liegen, sich befinden, sein»):

Tu veux lire? ... Dans l'armoire, *il y a* des livres.	Willst du etwas lesen? ... Im Schrank stehen Bücher.
Qu'est-ce qu'*il y a* sur la table?	Was liegt/ist da auf dem Tisch?

— um (ganz allgemein) das Dasein einer Sache bzw. von Personen festzustellen (1) und um gegebenenfalls Näheres darüber auszusagen (2):

1/ Qu'est-ce qu'*il y a*?	Was gibt's? Was ist los?
Il y a combien d'enfants dans cette famille?	Wieviel Kinder hat diese Familie?
2/ *Il y a* beaucoup de choses *à voir*.	Es gibt viel zu sehen.
Il y a des gens *que j'aime* beaucoup.	Es gibt Menschen, die ich sehr gern habe.

7

Subjekt + Prädikatsverband:
Verb + Prädikativum

Sylvie	*est*	*malade*?
M. Moret	*est*	*professeur*.

In dieser Satzstruktur ist das Verb in der Regel *être*; aber auch andere Verben können in Verbindung mit dem Prädikativum stehen wie

s'appeler, *rester*, *sembler*, *paraître*, *faire*, *avoir l'air*.

Mon ami *s'appelle Bernard*.	Mein Freund heißt Bernard.
Tes parents *ont l'air jeunes*. (↗ 9)	Deine Eltern sehen jung aus.

8 Das Prädikativum kann sich auch auf ein direktes Objekt (↗ 12) beziehen und so Näheres über das Objekt aussagen. Sätze dieser Art können gebildet werden mit Verben wie

trouver, *croire*, *juger*, *nommer*, *proclamer*.

Tu *trouves* ces films *intéressants*? — Findest du diese Filme interessant?

9 **!** Anders als im Deutschen richtet sich das Prädikativum in Genus und Numerus stets nach seinem Beziehungswort.

10

Subjekt +	Prädikatsverband:
	Verb

Nos voisins *rentrent*.

Keine Ergänzung brauchen Verben wie

rentrer, *arriver*, *venir*, *entrer*, *dormir*, *monter*, *descendre*, *tomber*, *travailler*, *lutter*, *déménager*.

(↗ auch 137)

11 Viele Verben erfordern meist eine Ergänzung. Diese kann sein ein direktes Objekt, ein indirektes Objekt sowie eine Adverbialergänzung. Daraus ergeben sich folgende weitere Satzstrukturen:

12

Subjekt +	Prädikatsverband:
	Verb + direktes Objekt

Jean-Pierre *accompagne son ami.*

Das Objekt wird direkt, d. h. ohne Präposition, an das Verb angeschlossen. Ein direktes Objekt steht bei Verben wie

acheter qc, *accompagner qn*, *apprendre qc*, *faire qc*, *mettre qc*, *oublier qn/qc*, *trouver qn/qc*.

13 **!** Unterschiedliche Rektion im Französischen und im Deutschen bei folgenden Verben:

aider qn	jemandem helfen
contredire qn	jemandem widersprechen
croire qn	jemandem glauben
écouter qn	jemandem zuhören, auf jmd. hören
remercier qn	jemandem danken
suivre qn	jemandem folgen

14

Subjekt + Prädikatsverband: Verb + indirektes Objekt

Sylvie	*s'intéresse*	*au sport.*
Jean-Pierre	*s'occupe*	*du pique-nique.*

Das Objekt wird indirekt, d. h. mit einer Präposition, an das Verb angeschlossen. Die jeweilige Präposition wird durch das Verb bestimmt.
Ein indirektes Objekt steht bei Verben wie

s'intéresser à qc, participer à qc, penser à qc/à qn;
s'occuper de qc/de qn, se souvenir de qc/de qn.

15 ! Unterschiedliche Rektion im Französischen und im Deutschen:

demander à qn	jemanden fragen	avoir besoin de qc	etwas brauchen
téléphoner à qn	jemanden anrufen	s'apercevoir de qc	etwas bemerken

16 Einige Verben können sowohl mit *de* als auch mit *à* angeschlossene indirekte Objekte haben:

Jean parle *de* son ami.	Jean spricht von seinem Freund.
Roger parle *à* son père.	Roger spricht mit seinem Vater.
(Auch: Il parle *avec* son père.)	

Sie können auch zwei indirekte Objekte mit jeweils verschiedenen Präpositionen anschließen:

Nathalie parle *de* son voyage *à* ses amies. (↗ auch 45)	Nathalie erzählt ihren Freundinnen von ihrer Reise.

17

Subjekt + Prädikatsverband: Verb + dir. Objekt + indir. Objekt

Sylvie	*offre*	*des fleurs*	*à sa maman.*
! Sylvie	schenkt	ihrer Mutti	Blumen.

Zu einigen Verben, die ein direktes Objekt fordern, kann noch ein indirektes Objekt hinzutreten. Anders als im Deutschen steht das substantivische direkte Objekt dann in der Regel unmittelbar beim Verb (↗ auch 43).
Sätze dieser Art können z. B. gebildet werden von

demander qc à qn, donner qc à qn, envoyer qc/qn à qn, montrer qc à qn, proposer qc à qn, présenter qc/qn à qn, raconter qc à qn, dire qc à qn, souhaiter qc à qn.

18 Andere Verben haben mehrere Rektionen; diesen entsprechen unterschiedliche Bedeutungen des Verbs:

jouer *d'*un instrument	ein Instrument spielen
jouer *à* un jeu	ein Spiel spielen
jouer un rôle	eine Rolle spielen
servir qn	jemand bedienen; jemandem dienen
servir qc (à qn)	(jmdm.) etwas auftragen, servieren
servir *à* qn	jemandem (etwas) nützen
servir *à* qc	zu etwas dienen
servir *de* qc	als etwas dienen, Verwendung finden als
se servir *de* qc	sich einer Sache bedienen

19

Subjekt + Prädikatsverband:
Verb + Adverbialergänzung

M. Masson *habite* *rue Jean-Pierre Timbaud.*

Verben, die meist eine Adverbialergänzung fordern, sind u. a.
habiter (à, dans, en, chez), aller (à, dans, chez, en), retourner (à, chez, dans);
durer (longtemps, ... heure, ... semaine);
coûter (cher, ... francs).

(Zu den freien Adverbialbestimmungen ↗ 47)

Bejahung – Verneinung – Einschränkung

Tu viens? – *Oui.*
Tu ne viens pas? – *Si*, je viens.
Non, je *ne* viens *pas* ... ou bien
... je *ne* viens *qu'*à six heures.

Oui — si — non

20 Auf Entscheidungsfragen (↗ 48) antwortet man im allgemeinen mit *oui* oder *non*:

Pierre est là? – *Oui.*/*Non.*	Ist Peter da? – Ja./Nein.

21 Nach Verben des Sagens und Denkens bzw. nach Ausdrücken wie *bien sûr*, *peut-être* steht vor *oui* oder *non* ein *que*:

Est-ce que Jean viendra? – Je crois/dis/pense/j'espère *que* oui (non).	Kommt Jean? – Ich glaube/sage/denke/hoffe ja (nein).
Bien sûr *que* oui/non.	Ja, gewiß!/Natürlich nicht!

22 Mit **si** («doch») wird einer verneinten Äußerung widersprochen (↗ auch 32):

Tu n'as pas de monnaie? – *Si*, j'en ai.	Hast du kein Kleingeld? – Doch, ich habe welches.
Je n'aime pas faire du ski. – Moi *si*.	Ich laufe nicht gern Ski. – Ich ja.

23 Eine Entscheidungsfrage kann man zum Ausdruck der Vergewisserung, der Bestätigung mit *non* verstärken:

Vous venez, *non*?	Ihr kommt doch, nicht?
Tu t'appelles Sylvie, *non*?	Du heißt (doch) Sylvie, nicht?

(dafür auch . . ., *c'est ça*? bzw. in gehobener Sprache . . ., *n'est-ce pas*?)

Verneinung durch Adverbien

24 Die Verneinung kann ausgedrückt werden durch

ne . . . pas, *ne . . . plus*, *ne . . . jamais*

Vor Vokal oder vokalischem h steht n'.

(Zur Verneinung durch die Indefinitpronomen *ne . . . personne*, *ne . . . aucun*, *ne . . . rien* ↗ 422–424.)

25 Diese doppelgliedrigen Ausdrücke schließen ein

— die konjugierte Verbform:

Je	ne	vais	pas	à la piscine.
Jean	n'	habite	plus	à Paris?
Je	n'	ai	jamais	été en France.
Nous	ne	sommes	pas	allé(e)s au cinéma.
Je	ne	vais	pas	attendre.
Tu	ne	veux	plus	rester?

! Je ne vais pas à la piscine [*ʒənvɛpaalapisin*], oft auch [*ʒvɛpaalapisin*].

26 — die konjugierte Verbform und ihr vorangehende Pronomen (↗ 372, 388, 399–402):

Ce restaurant, tu	ne	*le* connais	pas?	
Non, je	n'	*y* vais	jamais.	
Nous	n'	*en* avons	plus	parlé.

27 — bei Inversion (↗ 57, 58) die konjugierte Verbform (einschließlich ihr vorangehende Pronomen) und das Subjektpronomen:

N'	ai-je	pas	raison de parler ainsi? (MONOD) Habe ich nicht recht, so zu reden?
N'	*y* pensez-vous	plus?	Denkt ihr nicht mehr daran?

28 Vor einem Infinitiv stehen beide Glieder der Verneinung zusammen:

Je propose de *ne pas partir* trop tard.	Ich schlage vor, nicht zu spät loszugehen.
Je suis content de *ne pas être parti(e)* sans toi.	Ich bin froh, nicht ohne dich losgegangen zu sein.

(in gehobener Sprache dafür auch ... de *n*'être *pas* parti.)

29 *du tout* verstärkt eine Verneinung:

Ce n'est pas vrai? – Non, ce *n*'est *pas* vrai *du tout*.	Ist das nicht wahr? – Nein, das ist überhaupt nicht wahr.
Je voudrais bien acheter ce livre, mais je *n*'ai *plus* d'argent *du tout*.	Ich möchte dieses Buch gern kaufen, aber ich habe gar kein Geld mehr.

30 ! *ne ... pas de* «kein» und *ne ... plus de* «kein ... mehr» verneinen ein Substantiv, das bei bejahender Aussage mit Teilungsartikel bzw. mit unbestimmtem Artikel steht (↗ 293, 301):

Je	ne	mange	pas de	pomme.	... keinen Apfel
Je	ne	prends	pas de	lait.	... keine Milch
Roger	n'	a	plus d'	amis.	... keine Freunde mehr

(↗ auch 298, 307)

31 Fehlt das Verb, fehlt auch *ne*:

Ça va? – *Pas* mal, merci.	Wie geht's? – Danke, nicht schlecht.
Vous venez? – *Pas* maintenant.	Kommt ihr? – Jetzt nicht.
Tu ferais ça? – *Jamais*!	Würdest du das tun? – Nie(mals)!

32 Mit *pas* wird einer positiven Äußerung widersprochen (↗ auch 22):

Je prends du sucre dans mon café. – Moi *pas*.	Ich trinke den Kaffee mit Zucker. – Ich nicht.

33 *aussi* wird verneint durch *non plus*:

Je prends du sucre.	– Moi	aussi.	... ich auch
Je ne prends pas de sucre.	– Moi	non plus.	... ich auch nicht

34 *Verneinung durch Konjunktion*

Mehrere Satzteile werden (vorwiegend in geschriebener Sprache) verneint durch *ne* und die Konjunktion *ni*: *ne ... ni ... (ni ...)* «weder ... noch; nicht ... auch nicht»;
ne steht stets vor dem Verb:

Ça *ne* me fait *ni* chaud *ni* froid. — Das ist mir gleichgültig.

35 Verbindet *ni* zwei konjugierte Verbformen miteinander, nimmt man *ne* vor dem zweiten Verb im allgemeinen wieder auf:

Je *ne* voyais *ni n'*entendais toujours personne. (SAINT-EXUPÉRY) — Ich sah und hörte noch immer niemanden.

Einschränkung

36 • **ne ... que** bedeutet
— «nur»; *que* setzt man vor das einzugrenzende Wort:

Le matin, je *ne* prends *que du café.* — Morgens trinke ich nur Kaffee.
Je *ne* prends du café *que le matin.* — Ich trinke nur morgens Kaffee.

Fehlt das Verb, steht auch kein *ne*:

Quoi? *Que* trois jours de vacances? — Was? Nur drei Tage Ferien?

37 — bei Zeitbegriffen «erst»:

Pendant les vacances je *ne* me lève *qu'à huit heures.* — Während der Ferien stehe ich erst um acht Uhr auf.
il *n'*y a *qu'*un mois — erst vor einem Monat

38 Auf ein Verb bezogenes «nur» drückt man aus durch *ne faire que*:

Elle *ne fait que travailler.* — Sie arbeitet nur *(und macht nichts anderes).*

39 • **ne ... guère** bedeutet «kaum, nicht sehr, wenig»:

Cela *ne* se dit *guère.* — Das sagt man kaum.
Ce *n'*est *guère* pratique. — Das ist nicht sehr praktisch.
Je *n'*ai *guère* envie d'aller au cinéma. — Ich habe wenig Lust, ins Kino zu gehen.

Folge der Satzglieder

Aussagesatz

40 Im normalen Aussagesatz (‚der keine logischen und gefühlsmäßigen Hervorhebungen von Elementen erfordert, ↗ 63 ff.) ist die Reihenfolge der Satzglieder

Subjekt – Prädikat –	notwendige Ergänzungen:
	Prädikativum
	substantivisches Objekt
	Adverbialergänzung

Anders als im Deutschen wird diese Reihenfolge auch dann nicht verändert, wenn der Satz durch eine Adverbialbestimmung (1) oder durch einen Nebensatz (2) eingeleitet wird:

1/	Aujourd'hui,	Sylvie	prépare	le dîner.
2/	Quand il fait beau,	Bernard	va	à la piscine.

41 • Das **Subjekt** steht in der Regel vor dem Verb.
Es tritt hinter das Verb bei (vor allem in direkter Rede) eingeschobenen Sätzen:

— Bonjour, dit *le petit prince*. Vous avez un drôle de chapeau. (SAINT-EXUPÉRY)

«Guten Tag», sagte der kleine Prinz. «Sie haben einen komischen Hut auf.»

42 Substantivisches Subjekt und substantivisches direktes Objekt haben im Französischen die gleiche Form. Sie werden durch ihre Stellung vor oder hinter dem Prädikat voneinander unterschieden:

(substant.) Subjekt –	Prädikat –	(substant.) direktes Objekt
Notre voisin	aide	*mon père.*
Mon père	aide	*notre voisin.*

Der Sprecher bzw. Schreiber kann seine Äußerung auch mit dem Objekt beginnen, er muß dabei aber bestimmte Satzbauregeln beachten (↗ 69).

43 • Das substantivische **Objekt** steht normalerweise unmittelbar hinter dem Verb. (Zur Stellung pronominaler Objekte ↗ 388–396.)
Bei zwei substantivischen Ergänzungen steht das direkte Objekt dem Verb am nächsten (↗ auch 17): Sylvie montre sa chambre à son amie.

44 Das direkte Objekt tritt hinter das indirekte Objekt,

— wenn es näher bestimmt ist:
Isabelle montre à ses parents *des photos de son séjour à Paris.*

— wenn es für die Mitteilung das wichtigste Element des Satzes ist:
Pour illustrer son récit, Isabelle montre à ses parents *des photos.*

45 Stehen zwei indirekte Objekte beim Verb, wird das mit *de* angeschlossene Objekt nachgestellt, wenn es näher bestimmt ist (↗ auch 16):
Sylvie et Patrick parlent à leurs amis *d'un voyage qu'ils ont fait.*

46 • **Adverbialergänzungen** (↗ 19) stehen unmittelbar hinter dem Verb (1) bzw. hinter einem ebenfalls obligatorischen Objekt (2):

1/ Les Masson habitent *à Paris.*	Massons wohnen in Paris.
La réunion a duré *trois heures.*	Die Versammlung dauerte drei Stunden.
2/ Sylvie met les assiettes *sur la table.*	Sylvie stellt die Teller auf den Tisch.

Aber: Elle met sur la table *les assiettes qu'elle a eues pour son anniversaire.* ... die sie zum Geburtstag bekommen hat. (↗ 44)

47 Die Stellung der freien, d. h. vom Verb nicht unbedingt als Ergänzung geforderten Adverbialbestimmungen ergibt sich aus der Mitteilungsabsicht des Sprechers bzw. Schreibers. Hierzu ↗ 72.

Fragesatz

48 Fragesätze können gegliedert werden in

• Entscheidungsfragen (Sprecher erwartet eine bestätigende bzw. verneinende Antwort) und

• Ergänzungsfragen (Sprecher erfragt eine ergänzende Auskunft).

Entscheidungsfrage

	Tu rentres?
	Tu rentres, *non*?
Est-ce que	tu rentres?

49 Die häufigste Form der mündlichen Entscheidungsfrage ist die, bei der die Frageabsicht nur durch Ansteigen der Stimme am Satzende ausge-

drückt wird. Die Satzglieder stehen in der gleichen Reihenfolge wie im Aussagesatz (↗ 40):

M. Masson est routier? (– Oui.)

-tje

məsjø masõ ε ʀu

M. Masson est routier.

-sõ

məsjøma ε ʀu

-tje

50 Der Fragesteller gebraucht die verneinte Form,

— wenn er eine negative Antwort voraussieht:

On ne prend pas le métro?

pa

-tʀo

õnpʀã lme

Fahren wir denn ″nicht mit der U-Bahn?
(– Non.) – Nein.

— wenn er eine gegenteilige Antwort erhofft:

-tʀo

õnpʀã lme

pa

Fahren wir denn nicht mit der ″U-Bahn?
(– Si.) – Doch.

— wenn er auf Bestätigung der verneinten Frage zielt:

pa lme

õnpʀã

-tʀo

Wir fahren doch ″nicht mit der U-Bahn?

51 Mit nachgestelltem ..., *non*? zielt man auf eine erwartete positive Antwort seines Gesprächspartners (↗ 23, 50):

C'est joli, non?

nõ

-li

sε ʒɔ

Das ist doch schön, nicht?

52 Steigende Intonation in einer Frage kennzeichnet auch ein höfliches Anerbieten (↗ auch 251):

Tu as une grosse valise ... Je la porte?

Du hast aber einen großen Koffer. ... Soll ich ihn tragen?

53 Eine längere Entscheidungsfrage hat mehrere Sprechtakte. In nicht gefühlsbetonter Rede steigt dabei die Stimme am Satzende leicht an:

Il habite dans une petite maison avec un jardin?

-zõ

ilabit dã zyn pətit mɛ *-dɛ̃*

avɛk œ̃ ʒaʀ

54 Die Entscheidungsfrage leitet man oft auch mit der Frageformel **Est-ce que . . .?** (bzw. vor Vokal *Est-ce qu'* . . .?) ein. Die Satzgliedfolge Subjekt – Prädikat – Ergänzungen bleibt unverändert (↗ 40):

Est-ce que le musée est loin?

kə

ɛs *lwɛ̃*

lmyze ɛ

Mit *Est-ce que* . . .? eingeleitete Fragen sind höflicher als nichteingeleitete:

Est-ce que vous pouvez me dire l'heure qu'il est?	Können Sie mir sagen, wie spät es ist?

Ergänzungsfrage

Où	est-ce que	tu	vas?
		Tu vas *où*?	
Où		vont	*tes parents*?

55 In der Regel bildet man die Ergänzungsfrage mit . . . *est-ce que* . . .? (bzw. . . *est-ce qu'* . . .? vor Vokal) unter Beibehaltung der Satzgliedstellung Subjekt – Prädikat – notwendige Ergänzung (Prädikativum, Objekt bzw. Adverbialergänzung, ↗ 40).

Man gebraucht diese Frageform,

— wenn das Subjekt ein Pronomen ist:

Comment	est-ce que	*tu*	t'appelles?	Wie . . .?
Avec qui	est-ce que	*vous*	travaillez?	Mit wem . . .?
Où	est-ce qu'	*ils*	habitent?	Wo . . .?
Pourquoi	est-ce que	*tu*	fais ça?	Warum . . .?

56 — wenn das Subjekt ein Substantiv ist und der Satz noch eine Ergänzung enthält:

Où	est-ce que	*tes parents*	vont	*demain*?	Wohin ...?
Quand	est-ce que	*ton père*	rentre	*ce soir*?	Wann ...?
Comment	est-ce que	*les Masson*	passent	*leurs vacances*?	Wie ...?

57 Mit *où* ...?, *d'où* ...?, *comment* ...? eingeleitete Fragesätze weisen in Verbindung mit Verben wie *être*, *aller*, *venir*, *habiter*, *passer* meist Inversion auf (Umstellung der Reihenfolge von Subjekt und Prädikat), wenn das Subjekt ein Substantiv ist und der Satz keine Ergänzung enthält (↗ 56).
Ebenso ist Inversion möglich nach *quand* ...?, *combien* ...?
Der Ton liegt auf dem Interrogativadverb; am Satzende wird die Stimme leicht angehoben:

Où va Sylvie? — Wohin geht/fährt Sylvie?

u
-vi
va sil

Par où passe *l'autobus*? — Wo fährt der Bus entlang?
Comment est *ce film*? — Wie ist dieser Film?
Combien coûte *un billet*? — Wieviel kostet eine Fahrkarte?
Quand est né *Georges Bizet*? — Wann ist Georges Bizet geboren?

58 Inversion mit pronominalem Subjekt tritt vor allem in der Schriftsprache und in gehobener gesprochener Sprache auf.
Das Subjektpronomen wird mit der (konjugierten) Verbform durch Bindestrich verbunden.
Geht das Verb in der 3. Person Singular auf Vokal aus, wird zwischen Verb und Pronomen ein *-t-* eingeschoben:

D'où venez-*vous*? — Woher kommt ihr/kommen Sie?
Et Jean? Quand rentre-**t**-*il*? — Und Hans? Wann kommt er zurück?

59 Feste Frageformeln (mit Inversion auch in der Umgangssprache) sind:

Comment vas-*tu*? — Wie geht es dir?
Comment allez-*vous*? — Wie geht es euch/Ihnen?
Quelle heure est-*il*? — Wie spät ist es?
Qui est-*ce*? — Wer ist das?
A qui est-*ce*? — Wem gehört das? / Wer ist dran?

60 Das Fragewort kann in der Umgangssprache auch am Satzende stehen. Man stellt solche Fragen mit leichter Betonung des Fragewortes:

Les pommes coûtent *combien*? — ″Wieviel kosten die Äpfel?

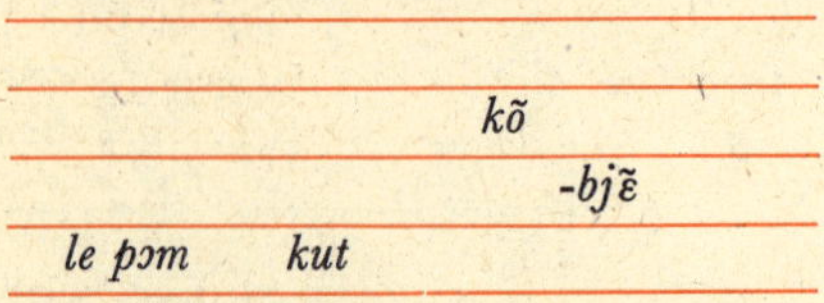

Tu rentres *quand*? — ″Wann gehst du nach Hause?
Tu as *quel* âge? — ″Wie alt bist du?
Tu t'appelles *comment*? — ″Wie heißt du?

Bei Rückfragen steigt die Stimme am Satzende leicht an.

61 Eine nur für die Schriftsprache charakteristische Frageform, z. B. in Überschriften, ist die komplexe Inversion: Substantivisches Subjekt oder Indefinitpronomen steht wie bei normaler Satzgliedstellung vor dem Verb (↗ 41), wird aber durch das entsprechende Personalpronomen – mit dem Verb durch einen Bindestrich verbunden – wiederaufgenommen:

La Terre est-*elle* vraiment en danger? — Ist die Erde wirklich in Gefahr?
Vos parents sont-*ils* sévères sur votre emploi du temps? — Sind eure/Ihre Eltern streng in bezug auf euren/Ihren Zeitplan?

62 **!** Nach *que* ...? (↗ 431) ist komplexe Inversion nicht möglich:
Que font *les Masson*? — Was machen Massons?

Hervorhebung einzelner Satzglieder

63 Will der Sprecher bzw. Schreiber die Aufmerksamkeit auf bestimmte Teile seiner Äußerung lenken, kann er dies mit verschiedenen sprachlichen Mitteln realisieren.
In einem Satz, der rein informativen Charakter hat, kann er das Mitteilungswichtige, das, was er hervorheben möchte, an das Satzende rücken:

La semaine prochaine, *nous faisons du camping*. — Kommende Woche ″zelten wir.
Vous faites du camping cette semaine?
– Non. Nous faisons du camping *la semaine prochaine*. (↗ auch 72) — ... Nein. Wir zelten ″kommende Woche.

Einzelne Satzteile können nicht wie im Deutschen allein durch Betonung besonders nachdrücklich hervorgehoben werden, sondern nur durch bestimmte Hervorhebungsformen.

Herausstellung des Subjekts

C'est toi qui prépares le dîner?
Alors *moi, je* mets la table.
Ce fromage, il est vraiment bon.
Elle est froide, *cette limonade.*

64 Das Subjekt stellt man heraus

• durch **c'est ... qui** bzw. substantivisches Subjekt im Plural in der Regel durch *ce sont ... qui*. Durch diese Konstruktion wird das Subjekt hervorgehoben, wird es meist in betonten Gegensatz zu einem anderen (nichtgenannten) Subjekt gestellt.
c'est ... qui schließt das Subjekt ein.
Das Verb stimmt in Person und Zahl mit dem Subjekt überein. (↗ 73):

C'est moi *qui* ai accompagné les jeunes étrangers.	″Ich habe die ausländischen Jugendlichen begleitet.
Ce n'*est* pas *nous qui* pouvons prendre un appartement comme ça!	″Wir können uns eine solche Wohnung nicht leisten!
Ce sont tes amis *qui* ont fait ça?	Haben deine ″Freunde das gemacht?

65 • durch die **phrase segmentée**:

— Man stellt das Subjekt isoliert an den **Anfang** des Satzes; durch Ansteigen der Stimme und durch eine kurze Sprechpause (vgl. Komma!) wird die Aufmerksamkeit des Gesprächspartners auf diesen Teil des Satzes gelenkt. Das Subjekt wird durch das entsprechende unbetonte Personalpronomen (↗ 372) oder durch das neutrale *ça* (↗ 416) bzw. vor *être* durch *ce* wiederaufgenommen:

Cette reproduction, elle me plaît beaucoup.	″Diese Reproduktion hier gefällt mir sehr.

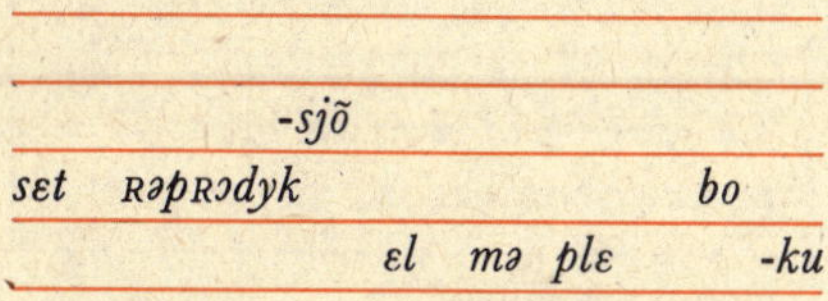

La peinture, *c*'est intéressant.	Die Malerei, das ist interessant.
Les enfants, ça fait du bruit.	Kinder machen nun einmal Lärm.

66 — Man stellt das Subjekt ans **Ende** des Satzes.
Es kann dabei gefühlsbetont (1) oder aber auch ein bloß klärender Nachtrag sein (2).

Indem der Sprecher bzw. Schreiber das, was über das Subjekt ausgesagt wird, an den Anfang des Satzes rückt, legt er den Nachdruck auf diesen Satzteil.
Das Subjekt wird durch das entsprechende unbetonte Personalpronomen (↗ 372) vorweggenommen bzw. durch *ça* (↗ 416), vor *être* durch *ce*:

1/ *Il* a eu de la chance, *Pierre*.	Er hatte vielleicht ein Glück, der Peter!
2/ Fabien et Jean-Marie visitent une exposition. Ils s'arrêtent tous les deux devant le même tableau. Fabien donne son impression: *Il* est beau, *ce tableau*.	Fabien und Jean-Marie besuchen eine Ausstellung. Sie bleiben beide vor demselben Bild stehen. Fabien gibt seinen Eindruck wieder: Das ist aber ″schön, das Bild hier!

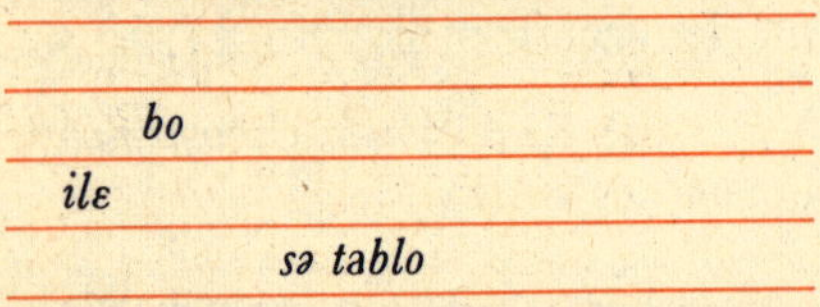

67 ! Ein pronominales Subjekt wird durch das entsprechende betonte Personalpronomen (↗ 404) vorweg- bzw. wiederaufgenommen. Es wird dadurch im Sinne vor allem einer Gegenüberstellung hervorgehoben.
In der 3. Person Singular und Plural steht meist nur die betonte Form des Personalpronomens:

Après le dîner, je ferai la vaisselle. *Toi*, *tu* rangeras.	Nach dem Abendessen wasche ich ab. ″Du wirst aufräumen.
André et René n'ont pas le temps de venir. Alors Serge téléphone à Roger; *lui* (,il) viendra peut-être.	André und René haben keine Zeit zu kommen. Darum ruft Serge Roger an; ″er kommt vielleicht.

Herausstellung des Objekts

C'est ce livre que j'ai acheté.
C'est de toi que j'ai parlé.
Ta mère, je *la* connais bien.
Je *les* connais bien, *tes parents*.

68 Das Objekt stellt man heraus
- durch **c'est . . . que.**

Das Objekt steht am Satzanfang. Es wird betont und einem erwähnten oder gedachten Objekt gegenübergestellt:

C'est à Bernard que j'ai parlé au téléphone.	Mit ″Bernard habe ich am Telefon gesprochen (nicht mit Sylvie).

69 • durch die **phrase segmentée** (↗ 65, 66).
Das Objekt wird an den Anfang (↗ 42) oder ans Ende des Satzes gestellt. Es wird durch das entsprechende Pronomen wiederaufgenommen bzw. vorweggenommen (↗ 372, 379, 399):

Ce disque, je *l'*ai.	"Die Platte habe ich.
Il nous faut du sucre et du pain. – *Du pain*, j'*en* ai déjà acheté.	Wir brauchen Zucker und Brot. – "Brot habe ich schon gekauft.
Tu *lui* as écrit, *à Paul*?	Hast du "Paul geschrieben?

Herausstellung von Adverbialbestimmungen

Je n'*y* vais pas souvent, *au cinéma.*
C'est à Paris que les Masson habitent?
Oui. *C'est l'année dernière qu'*ils ont déménagé.

70 Adverbialbestimmungen, die als Ergänzung gefordert werden (↗ 19), stellt man heraus
• durch die **phrase segmentée** (↗ 65, 66):

Au cinéma, je n'*y* suis pas allé(e) souvent, ces derniers temps.	Im "Kino war ich in letzter Zeit nicht oft.

71 • durch **c'est . . . que** (↗ 68); ebenso die freien Adverbialbestimmungen (↗ 47). Sie stehen dann am Anfang des Satzes:

La semaine prochaine, Jean va à la mer avec sa famille. Ils partent en voiture. ⟶

C'est la semaine prochaine que Jean part?	"Nächste Woche fährt Jean?
*C'est à la mer qu'*il va?	Ans "Meer fährt er?
*C'est avec sa famille qu'*il part.	Mit seiner "Familie fährt er.
*C'est en voiture qu'*ils partent.	Mit dem "Wagen fahren sie.

72 Freie Adverbialbestimmungen (↗ 47) können in Abhängigkeit vom Kontext, von der Mitteilungsabsicht des Sprechers bzw. Schreibers am Satzanfang, am Satzende oder in den Satz eingeschoben stehen:

Qu'est-ce que tu as fait cet après-midi? *A cinq heures*, je suis sorti(e) . . .	Um "5 Uhr bin ich "weggegangen . . .
Quand est-ce que tu es sorti(e)? Je suis sorti(e) *à cinq heures.*	Ich bin um "5 Uhr weggegangen.
Il existe peu de capitales, *en Europe*, qui ont autant de charme que Paris.	Es gibt in "Europa wenige Hauptstädte, von denen solch ein Zauber ausgeht wie von Paris.

Übereinstimmung zwischen Subjekt und Prädikat

73 Das Prädikat stimmt mit dem Subjekt in Person und Numerus überein:
Sylvie écoute des disques.
Ses grands-parents habitent à Saint-Denis.
C'est *nous* qui *rangeons* la chambre aujourd'hui. (↗ auch 64)

74 Bei *vous* als Höflichkeitsanrede steht die Verbform der 2. Person Plural:
Vous *avez* l'heure, monsieur? — Haben Sie genaue Zeit, Monsieur?

75 Beim Prädikativum (↗ 7) unterscheidet man aber zwischen *vous*
— als Anrede an eine Person:

Vous êtes *content* de ce travail, *monsieur*?
Vous êtes *contente* de vos vacances, *madame*?

— und als Anrede an mehrere Personen:

Vous êtes *contents*, *messieurs*?
Vous êtes *contentes*, *mesdames*?

76 Dem in der Umgangssprache häufig für *nous* verwendeten Pronomen *on* (↗ 378) folgt die Verbform in der 3. Person Singular.
Participe passé und Prädikativum richten sich aber in Genus und Numerus nach dem durch *on* vertretenen Subjekt:

— Serge, Christian, vous avez fait bon voyage? – Oui, on est *partis* hier soir et on est *arrivés* ici vers midi. On est très *contents*.

— Serge, Christian, hattet ihr eine gute Fahrt? – Ja, wir sind gestern abend losgefahren und gegen Mittag hier angekommen. Wir sind sehr zufrieden.

77 Enthält der Satz mehrere Subjekte im Singular, steht das Verb im Plural:

Ce livre et ce disque *sont* à moi. — Dieses Buch und diese Platte gehören mir.

78 Bei mehreren Subjekten in unterschiedlichen Personen steht das Verb wie im Deutschen

— in der 1. Person Plural, wenn die 1. Person unter den Subjekten vorkommt. Beide Personen werden durch *nous* zusammengefaßt, in der Umgangssprache durch *on*:

Martine et *moi*, *nous* allons faire une petite promenade. — Martine und ich wollen einen kleinen Spaziergang machen.
Toi et *moi*, *on* met la table maintenant. — Du und ich decken jetzt den Tisch.

79 — in der 2. Person Plural, wenn die Subjekte in der 2. und 3. Person stehen. Beide Personen werden durch *vous* zusammengefaßt:

Tes parents et *toi*, *vous* aimez regarder la télévision?	Deine Eltern und du, seht ihr gern fern?

!

80 — Nach *la plupart* «die meisten» steht das Verb im Plural:

Cet après-midi, les élèves n'ont pas classe; *la plupart vont* à la piscine.	Heute nachmittag haben die Schüler keinen Unterricht; die meisten gehen ins Schwimmbad.

81 — Nach *une partie de* «ein Teil», *une série de* «eine Reihe», *un tas de* «ein Haufen, eine Unmenge», *pour cent* «Prozent» setzt man das Verb im allgemeinen in den Plural:

*Une série d'*événements sportifs *auront lieu* cette année.	In diesem Jahr werden/wird eine Reihe sportlicher Ereignisse stattfinden.
30% (30 pour 100) des Français *vivent* à la campagne.	30% der Franzosen leben/lebt auf dem Lande.

82 — Nach *un quart de* «ein Viertel», *un tiers de* «ein Drittel», *une dizaine de* «etwa zehn», *une douzaine de* «ein Dutzend», *un millier de* «Tausend» folgt das Verb im Singular oder im Plural:

Un quart des élèves de notre classe ne *sait*/ne *savent* pas nager.	Ein Viertel der Schüler unserer Klasse kann/können nicht schwimmen.

DIE WORTARTEN UND IHRE VERWENDUNG IM SATZ

Verb

Konjugation des Verbs

83 Die Verben werden nach den Infinitivendungen in folgende drei Gruppen eingeteilt:

erste Gruppe:	Verben auf -er	*écouter*	des disques
zweite Gruppe:	Verben auf -ir	*finir*	ses devoirs
dritte Gruppe:	Verben auf -re	*attendre*	des amis

- Bei den Verben auf *-ir* unterscheidet man drei Typen:

— den Typ *finir*; diese Verben haben im Plural der *présent*-Formen den erweiterten Stamm *-iss-* (↗ 87).

— den Typ *partir*; diese Verben verlieren im Singular der *présent*-Formen den letzten Stammkonsonanten. Die Pluralformen haben keine Stammerweiterung. (↗ 97)

— den Typ *ouvrir*; diese Verben haben im Singular des *présent* die Endungen der Verben auf *-er*. Die Pluralformen haben keine Stammerweiterung. (↗ 98)

- Zur dritten Verbgruppe gehören neben den Verben auf *-re* alle Verben mit Unregelmäßigkeiten in der Konjugation. (↗ 110)

84 Die Lautform des Französischen unterscheidet weniger Personalformen als die Schreibform.
Unentbehrliches Kennzeichen der Personalform ist daher das Subjektpronomen (↗ auch 372, 373):

je rest*e*	[*ʒə*]	[*ʀɛst*]		nous restons	[*nu*]	[*ʀɛstɔ̃*]
tu rest*es*	[*ty*]			vous restez	[*vu*]	[*ʀɛste*]
il rest*e*	[*il*]					
ils rest*ent*	[*il*]					

85 *avoir*

Indicatif

présent		*passé composé*	
j'	**ai** [ʒɛ]	j'	**ai eu** [ʒɛy]
tu	**as**	tu	as eu
il	**a**	il	a eu
elle	a	elle	a eu
on	a	on	a eu
nous	**avons**	nous	avons eu
vous	**avez**	vous	avez eu
ils	**ont**	ils	ont eu

imparfait		*plus-que-parfait*	
j'	**avais**	j'	**avais eu**
tu	**avais**	tu	avais eu
il	**avait**	il	avait eu
elle	avait	elle	avait eu
on	avait	on	avait eu
nous	**avions**	nous	avions eu
vous	**aviez**	vous	aviez eu
ils	**avaient**	ils	avaient eu

futur		*futur antérieur*	
j'	**aurai** [ʒoRɛ]	j'	**aurai eu**
tu	**auras**	tu	auras eu
il	**aura**	il	aura eu
elle	aura	elle	aura eu
on	aura	on	aura eu
nous	**aurons**	nous	aurons eu
vous	**aurez**	vous	aurez eu
ils	**auront**	ils	auront eu

passé simple		*passé antérieur*	
j'	**eus** [ʒy]	j'	**eus eu**[ʒyzy]
tu	eus	tu	eus eu
il	eut	il	eut eu
elle	eut	elle	eut eu
on	eut	on	eut eu
nous	**eûmes**	nous	eûmes eu
vous	eûtes	vous	eûtes eu
ils	eurent	ils	eurent eu

Subjonctif

présent		*passé*	
que j'	**aie** [ʒɛ]	que j'	**aie eu**
que tu	aies	que tu	aies eu
qu'il	**ait**	qu'il	ait eu
qu'elle	ait	qu'elle	ait eu
qu'on	ait	qu'on	ait eu
que nous	**ayons**	que nous	ayons eu
que vous	ayez	que vous	ayez eu
qu'ils	aient	qu'ils	aient eu

imparfait (↗ 167)		*plus-que-parfait*	
qu'il	**eût**	qu'il	**eût eu**

Impératif

aie [ɛ]
ayons
ayez

Conditionnel

présent		*passé*	
j'	**aurais**[ʒoRɛ]	j'	**aurais eu**
tu	**aurais**	tu	aurais eu
il	**aurait**	il	aurait eu
elle	aurait	elle	aurait eu
on	aurait	on	aurait eu
nous	**aurions**	nous	aurions eu
vous	**auriez**	vous	auriez eu
ils	**auraient**	ils	auraient eu

Participes

présent	*passé*
ayant	**eu**, eue

Infinitif

présent	*passé*
avoir	avoir eu

86 être

Indicatif

présent		*passé composé*	
je	**suis**	j'	**ai été**
tu	**es**	tu	as été
il	**est**	il	a été
elle	est	elle	a été
on	est	on	a été
nous	**sommes**	nous	avons été
vous	**êtes**	vous	avez été
ils	**sont**	ils	ont été

imparfait		*plus-que-parfait*	
j'	**étais**	j'	**avais été**
tu	**étais**	tu	avais été
il	**était**	il	avait été
elle	était	elle	avait été
on	était	on	avait été
nous	é**tions**	nous	avions été
vous	é**tiez**	vous	aviez été
ils	é**taient**	ils	avaient été

futur		*futur antérieur*	
je	se**rai** [ʒəsRɛ]	j'	**aurai été**
tu	se**ras**	tu	auras été
il	se**ra**	il	aura été
elle	sera	elle	aura été
on	sera	on	aura été
nous	se**rons**	nous	aurons été
vous	se**rez**	vous	aurez été
ils	se**ront**	ils	auront été

passé simple		*passé antérieur*	
je	**fus**	j'	**eus été**
tu	fus	tu	eus été
il	fut	il	eut été
elle	fut	elle	eut été
on	fut	on	eut été
nous	**fûmes**	nous	eûmes été
vous	fûtes	vous	eûtes été
ils	furent	ils	eurent été

Subjonctif

présent		*passé*	
que je	**sois**	que j'	**aie été**
que tu	sois	que tu	aies été
qu'il	**soit**	qu'il	ait été
qu'elle	soit	qu'elle	ait été
qu'on	soit	qu'on	ait été
que nous	**soyons**	que nous	ayons été
que vous	soyez	que vous	ayez été
qu'ils	soient	qu'ils	aient été

imparfait (↗ 167)		*plus-que-parfait*	
qu'il	**fût**	qu'il	**eût été**

Impératif

sois
soyons
soyez

Conditionnel

présent		*passé*	
je	se**rais** [ʒəsRɛ]	j'	**aurais été**
tu	se**rais**	tu	aurais été
il	se**rait**	il	aurait été
elle	serait	elle	aurait été
on	serait	on	aurait été
nous	se**rions**	nous	aurions été
vous	se**riez**	vous	auriez été
ils	se**raient**	ils	auraient été

Participes

présent	*passé*
ét**ant**	**été** *(unveränderl.)*

Infinitif

présent	*passé*
être	avoir été

Verben auf: -er	***-ir (mit Stammerweiterung)***	***-re***
Typ: **écouter**	Typ: **finir**	Typ: **attendre**
Indicatif		
87 *présent*		
j' écoute	je finis	j' attends
tu écoute**s**	tu finis	tu attends
il écoute	il finit	il attend
elle écoute	elle finit	elle attend
on écoute	on finit	on attend
nous écout**ons**	nous fini*ss***ons**	nous attend**ons**
vous écout**ez**	vous finiss**ez**	vous attend**ez**
ils écout**ent**	ils finiss**ent**	ils attend**ent**
88 *imparfait*		
j' écout**ais** [ɛ]	je fini*ss***ais** [ɛ]	j' attend**ais** [ɛ]
tu écout**ais**	tu finiss**ais**	tu attend**ais**
il écout**ait**	il finiss**ait**	il attend**ait**
elle écoutait	elle finissait	elle attendait
on écoutait	on finissait	on attendait
nous écout**ions** [*jõ*]	nous finiss**ions** [*sjõ*]	nous attend**ions** [*djõ*]
vous écout**iez** [*je*]	vous finiss**iez** [*sje*]	vous attend**iez** [*dje*]
ils écout**aient**	ils finiss**aient**	ils attend**aient**
89 *passé simple*		
j' écout**ai** [*e*]	je fin**is**	j' attend**is**
tu écout**as**	tu fin**is**	tu attend**is**
il écout**a**	il fin**it**	il attend**it**
elle écouta	elle finit	elle attendit
on écouta	on finit	on attendit
(nous écout**âmes**)	(nous fin**îmes**)	(nous attend**îmes**)
(vous écout**âtes**)	(vous fin**îtes**)	(vous attend**îtes**)
ils écout**èrent**	ils fin**irent**	ils attend**irent**
90 *futur*		
j' écoute**rai** [*tRɛ*]	je fini**rai** [*Rɛ*]	j' attend**rai** [*dRɛ*]
tu écoute**ras**	tu fini**ras**	tu attend**ras**
il écoute**ra**	il fini**ra**	il attend**ra**
elle écoutera	elle finira	elle attendra
on écoutera	on finira	on attendra
nous écoute**rons**	nous fini**rons**	nous attend**rons**
vous écoute**rez**	vous fini**rez**	vous attend**rez**
ils écoute**ront**	ils fini**ront**	ils attend**ront**

Conditionnel

91 *présent*

j' écout**e**r**ais** [*tRε*]	je fini**rais** [*Rε*]	j' attend**rais** [*dRε*]
tu écoute**rais**	tu fini**rais**	tu attend**rais**
il écoute**rait**	il fini**rait**	il attend**rait**
elle écouterait	elle finirait	elle attendrait
on écouterait	on finirait	on attendrait
nous écoute**rions** [*Rjõ*]	nous fini**rions** [*Rjõ*]	nous attend**rions** [*dRijõ*]
vous écoute**riez** [*Rje*]	vous fini**riez** [*Rje*]	vous attend**riez** [*dRije*]
ils écoute**raient**	ils fini**raient**	ils attend**raient**

Subjonctif

92 *présent*

que j' écout**e**	que je fini*ss***e** [*s*]	que j' attend**e** [*d*]
que tu écout**es**	que tu finiss**es**	que tu attend**es**
qu' il écout**e**	qu' il finiss**e**	qu' il attend**e**
qu' elle écoute	qu' elle finisse	qu' elle attende
qu' on écoute	qu' on finisse	qu' on attende
que nous écout**ions** [*jõ*]	que nous finiss**ions** [*sjõ*]	que nous attend**ions** [*djõ*]
que vous écout**iez** [*je*]	que vous finiss**iez** [*sje*]	que vous attend**iez** [*dje*]
qu' ils écout**ent**	qu' ils finiss**ent**	qu' ils attend**ent** [*d*]

93 *imparfait* (↗ 167)

qu' il écout**ât**	qu' il fin**ît**	qu' il attend**ît**

94 Impératif

écoute	finis	attends
écoutons	finissons	attendons
écoutez	finissez	attendez

95 Participes

présent/passé

écout**ant**, écout**é**(**e**)	finiss**ant**, fin**i**(**e**)	attend**ant**, attend**u**(**e**)

96 Die zusammengesetzten Tempora

Alle drei Verbgruppen bilden die zusammengesetzten Tempora mit einem Hilfsverb, in der Regel mit *avoir*, und dem *participe passé*:

Indicatif

	écouter	**finir**	**attendre**
passé composé:	j'ai écouté	j'ai fini	j'ai attendu
plus-que-parfait:	j'avais écouté	j'avais fini	j'avais attendu

passé antérieur:	j'eus écouté	j'eus fini	j'eus attendu
futur antérieur:	j'aurai écouté	j'aurai fini	j'aurai attendu
Conditionnel			
passé:	j'aurais écouté	j'aurais fini	j'aurais attendu
Subjonctif			
passé:	que j'aie écouté	que j'aie fini	que j'aie attendu
plus-que-parfait:	qu'il eût écouté	qu'il eût fini	qu'il eût attendu
Participe			
passé:	ayant écouté	ayant fini	ayant attendu
Infinitif			
passé:	avoir écouté	avoir fini	avoir attendu

Verben auf -ir ohne Stammerweiterung

97 Typ: **partir** (↗ auch 83)

je	**pars**	nous	**part**ons	Ebenso:
tu	pars	vous	partez	*sortir, servir, dormir,*
il	part	ils	partent	*sentir, mentir*
elle	part			
on	part			

futur: je partirai (↗ 114)
participe passé: parti, partie

98 Typ: **ouvrir** (↗ auch 83)

j'	ouvre	nous	ouvr**ons**	Ebenso:
tu	ouvr**es**	vous	ouvr**ez**	*offrir,*
il	ouvre	ils	ouvr**ent**	*couvrir, découvrir,*
elle	ouvre			*souffrir (de)*
on	ouvre			

futur: j'ouvrirai (↗ 114)
participe passé: **ouvert**, ouverte

99 Zu der Gruppe Typ *ouvrir* gehören auch *cueillir, accueillir:* je cueille.
! — *futur:* je cueillerai (↗ 119)
— *participe passé:* cueilli, cueillie

Besonderheiten der Verben auf -er

100 • **Verben auf -cer und -ger**

Diese Verben weisen im Schriftbild folgende Veränderungen auf:

ç	vor a und o	(zur Erhaltung des [*s*])
ge	vor a und o	(zur Erhaltung des [ʒ])

infinitif	*présent*	*imparfait*	*part. présent*
commencer [*kɔmɑ̃se*]	nous commençons [*nukɔmɑ̃sɔ̃*]	je commençais [*ʒəkɔmɑ̃sɛ*]	commençant [*kɔmɑ̃sɑ̃*]
ranger [*ʀɑ̃ʒe*]	nous rangeons [*nuʀɑ̃ʒɔ̃*]	je rangeais [*ʒəʀɑ̃ʒɛ*]	rangeant [*ʀɑ̃ʒɑ̃*]

Ebenso:

— *placer*, *annoncer*, *lancer*, *renoncer*;

— *manger*, *changer*, *diriger*, *déranger*, *juger*, *nager*.

101 • **Verben auf e [*ə*] + Konsonant in der letzten Stammsilbe**

Vor (stummem) e in der Endung wird im Schriftbild

e > è	l > ll bei Verben auf *-eler*	t > tt bei Verben auf *-eter*

se lever [*səl(ə)ve*]	**s'appeler** [*sap(ə)le*]	**jeter** [*ʒəte*]
je me **lève** [*ʒəmlɛv*]	je m'**appelle** [*ʒəmapɛl*]	je **jette** [*ʒəʒɛt*]
tu te lèves	tu t' appelles	tu jettes
il se lève	il s' appelle	il jette
elle se lève	elle s' appelle	elle jette
on se lève	on s' appelle	on jette
nous nous *levons*	nous nous *appelons*	nous *jetons*
vous vous *levez*	vous vous *appelez*	vous *jetez*
ils se lèvent	ils s' appellent	ils jettent

Ebenso:

mener, *amener*, *emmener*, *se promener* sowie	*rappeler*	*rejeter*

! *acheter*
geler «gefrieren»

102 ● **Verben mit é + Konsonant in der letzten Stammsilbe**

Vor (stummem) e in der Endung wird [*e*] zu [ɛ].

Schreibung: é > è

espérer

j'	**espère**	nous	*espérons*	Ebenso:
tu	espères	vous	*espérez*	*répéter*, *préférer*
il	espère	ils	espèrent	(*futur* ↗ 117).
elle	espère			
on	espère			

103 ● **Verben auf -oyer, -uyer, -ayer**

Vor (stummem) e in der Endung fällt der Laut [*j*] weg.

Schreibung: y > i

Bei den Verben auf *-ayer* ist auch Aussprache [*ɛj*] und entsprechende Schreibung mit *y* möglich:

envoyer [*ɑ̃vwaje*]		**appuyer** [*apɥije*]		**payer** [*peje*]				
j'	**envoie** [*ʒɑ̃vwa*]	j'	**appuie** [*ʒapɥi*]	je	**paie** [*ʒəpɛ*]		je	**paye** [*ʒəpɛj*]
tu	envoies	tu	appuies	tu	paies		tu	payes
il	envoie	il	appuie	il	paie		il	paye
elle	envoie	elle	appuie	elle	paie		elle	paye
on	envoie	on	appuie	on	paie		on	paye
nous	*envoyons*	nous	*appuyons*			nous *payons*		
vous	*envoyez*	vous	*appuyez*			vous *payez*		
ils	envoient	ils	appuient	ils	paient		ils	payent

Die Passivformen

104 Nur bei Verben, die eine Handlung bezeichnen und die im Aktiv ein direktes Objekt haben können, sind Passivformen möglich: *construire qc – être construit* «etw. bauen – gebaut werden»; *inviter qn – être invité* «jmdn. einladen – eingeladen werden».

Die Passivformen werden mit den jeweiligen Tempusformen von *être* (↗ 86) und dem *participe passé* des entsprechenden Vollverbs gebildet.

Das *participe passé* richtet sich in Genus und Numerus nach dem Subjekt.

105 *Infinitif présent:* **être invité**

Indicatif

présent

je	**suis**	**invité**(e) (par nos amis;	nous	sommes	invité(e)s
tu	es	invité(e) ↗ 189, 193)	vous	êtes	invité(e)s
il	est	invité	ils	sont	invités
elle	est	invitée	elles	sont	invitées
on	est	invité(s, es); ↗ 378			

imparfait: j'étais invité(e) (par nos amis)
passé simple: je fus invité(e)
futur: je serai invité(e)

Conditionnel

présent: je serais invité(e)

Subjonctif

présent: que je sois invité(e)

Participe

présent: étant invité(e, s, es)

106 *Infinitif passé:* **avoir été invité**

Indicatif

passé composé: j'ai été invité(e)
plus-que-parfait: j'avais été invité(e)
passé antérieur: j'eus été invité(e)
futur antérieur: j'aurai été invité(e)

Conditionnel

passé: j'aurais été invité(e)

Subjonctif

passé: que j'aie été invité(e)

Participe

passé: ayant été invité(e, s, es)

Reflexive Verben

107 Reflexive Verben werden konjugiert mit den Objektformen des Personalpronomens (↗ 383) bzw. in der 3. Person mit *se*.

Man unterscheidet reflexive Verben, die stets mit Reflexivpronomen gebraucht werden wie

se souvenir de, *se dépêcher*, *s'efforcer de*

und reflexiv gebrauchte Verben wie

laver/se laver «waschen/sich waschen», *coucher/se coucher* «hinlegen/schlafengehen», *appeler/s'appeler* «rufen, nennen/heißen», *réveiller/se réveiller* «wecken/aufwachen».

se laver [*səlave*]

bejahend *présent*				*passé composé*			*impératif*
je	me	lave	[*ʒəmlav*]	je	me suis	lavé(e)	
tu	te	laves	[*tylav*]	tu	t' es	lavé(e)	lave-**toi**
il	se	lave	[*ilsəlav*]	il	s'est	lavé	
elle	se	lave	[*ɛlsəlav*]	elle	s' est	lavée	
on	se	lave	[*õslav*]	on	s' est	lavé(s, es)	
nous	nous	lavons		nous	nous sommes	lavé(e)s	lavons-nous
vous	vous	lavez		vous	vous êtes	lavé(e)s	lavez-vous
ils	se	lavent		ils	se sont	lavés	
elles	se	lavent		elles	se sont	lavées	

108

verneint *présent*					*passé composé*					*impératif*		
je	ne	me lave	pas	[*ʒənmə*]	je	ne	me suis	pas	lavé(e)	ne	te lave	pas
tu	ne	te laves	pas	[*tyntə*]	tu	ne	t'es	pas	lavé(e)	ne	nous lavons	pas

109 schrift- und literatursprachliche Inversionsformen:

est-ce que je me dépêche?	me suis-je dépêché(e)?
te dépêches-tu?	t'es-tu dépêché(e)?
se dépêche-t-il?	s'est-il dépêché?

In der 1. Person Sing. des *présent* auch in der Schriftsprache stets nur mit der Frageformel *est-ce que* ...? (↗ 54).

verneinte Inversion

ne	te laves-tu	pas	?	ne	t'es-tu	pas	lavé(e)?

Zur Veränderlichkeit des *participe passé* ↗ 143, 144.

Die wichtigsten Verben mit Unregelmäßigkeiten in der Konjugation

infinitif	indicatif *présent*	*futur*	*passé simple*	subjonctif *présent*	participes *présent/passé*
1/ **aller** ↗ auch 111	je vais tu vas il va ns allons ils vont	j' irai	j' allai	que j' aille que ns allions qu' ils aillent	allant allé, e *(être)*
2/ **apercevoir** recevoir	j' aperçois il aperçoit ns apercevons ils aperçoivent	j' apercevrai	j' aperçus	que j' aperçoive que ns apercevions qu' ils aperçoivent	apercevant aperçu, e *(avoir)*
3/ **s'asseoir** ↗ auch 111	je m'assieds il s'assied ns ns asseyons ils s'asseyent	je m'assiérai	je m'assis	que je m'asseye que ns ns asseyions qu' ils s'asseyent	s'asseyant assis, e *(être)* «sitzen» je me suis assis(e) «ich habe mich gesetzt»
4/ **atteindre** Verben auf **-eindre** **-aindre** **-oindre**	j' atteins il atteint ns atteignons ils atteignent	j' atteindrai	j'atteignis	que j'atteigne	atteignant atteint, e *(avoir)*

infinitif	indicatif *présent*	*futur*	*passé simple*	subjonctif *présent*	participes *présent/passé*
5/ **battre**	je bats il bat ns battons ils battent	je battrai	je battis	que je batte	battant battu, e *(avoir)*
6/ **boire**	je bois il boit ns buvons ils boivent	je boirai	je bus	que je boive que ns buvions qu' ils boivent	buvant bu, e *(avoir)*
7/ **conduire** Verben auf **-uire**	je conduis il conduit ns conduisons ils conduisent	je conduirai	je conduisis	que je conduise	conduisant conduit, e *(avoir)*
8/ **connaître** apparaître paraître	je connais il connaît ns connaissons ils connaissent	je connaîtrai	je connus	que je connaisse	connaissant connu, e *(avoir)*
9/ **courir**	je cours il court ns courons ils courent	je courrai [*ʒəkuRRɛ*]	je courus	que je coure	courant couru, e *(avoir)*
10/ **craindre**	↗ atteindre				

infinitif	indicatif *présent*	*futur*	*passé simple*	subjonctif *présent*	participes *présent/passé*
11/ **croire**	je crois il croit ns croyons ils croient	je croirai	je crus	que je croie que ns croyions *[jjõ]* qu' ils croient	croyant cru, e *(avoir)*
12/ **devoir** ↗ auch apercevoir	je dois il doit ns devons ils doivent	je devrai	je dus	que je doive que ns devions qu' ils doivent	devant dû, due, *pl.* dus, dues *(avoir)*
13/ **dire** redire ↗ auch 111	je dis il dit ns disons vs dites ils disent	je dirai	je dis	que je dise	disant dit, e *(avoir)*
14/ **écrire**	j' écris il écrit ns écrivons ils écrivent	j' écrirai	j' écrivis	que j'écrive	écrivant écrit, e *(avoir)*
15/ **faire**	je fais il fait ns faisons [*fəzõ*] vs faites ils font	je ferai	je fis	que je fasse	faisant fait, e *(avoir)*

infinitif	indicatif *présent*	*futur*	*passé simple*	subjonctif *présent*	participes *présent/passé*
16/ falloir *(unpersönl. Verb)*	il faut *(imparfait:* il fallait)	il faudra	il fallut	qu' il faille	*part. passé*: fallu *(avoir)*
17/ fuir	je fuis il fuit ns fuyons ils fuient	je fuirai	je fuis	que je fuie que ns fuyions qu' ils fuient	fuyant fui *(avoir)*
18/ joindre	↗ atteindre				
19/ lire	je lis il lit ns lisons ils lisent	je lirai	je lus	que je lise	lisant lu, e *(avoir)*
20/ mettre permettre promettre	je mets il met ns mettons ils mettent	je mettrai	je mis	que je mette	mettant mis, e *(avoir)*
21/ mourir	je meurs il meurt ns mourons ils meurent	je mourrai [*ʒəmuRRɛ*]	je mourus	que je meure que ns mourions qu' ils meurent	mourant mort, e *(être)*

infinitif	indicatif *présent*	*futur*	*passé simple*	subjonctif *présent*	participes *présent/passé*
22/ **naître**	je nais il naît ns naissons ils naissent	je naîtrai	je naquis	que je naisse	naissant né, e *(être)*
23/ **peindre**	↗ atteindre				
24/ **plaire**	je plais il plaît ns plaisons ils plaisent	je plairai	je plus	que je plaise	plaisant plu *(unveränderlich)* *(avoir)*
25/ **pleuvoir** *(unpersönl.)*	il pleut	il pleuvra	il plut	qu' il pleuve	pleuvant plu *(unveränd.; avoir)*
26/ **pouvoir**	je peux (↗ 111) il peut ns pouvons ils peuvent	je pourrai	je pus	que je puisse	pouvant pu *(unveränderlich)* *(avoir)*
27/ **prendre**	je prends il prend ns prenons ils prennent	je prendrai	je pris	que je prenne que ns prenions qu' ils prennent	prenant pris, e *(avoir)*
28/ **recevoir**	↗ apercevoir				

infinitif	indicatif *présent*	*futur*	*passé simple*	subjonctif *présent*	participes *présent/passé*
29/ **résoudre**	je résous il résout ns résolvons ils résolvent	je résoudrai	je résolus	que je résolve	résolvant résolu, e *(avoir)* «be-, entschlossen» résous «aufgelöst»
30/ **rire**	je ris il rit ns rions [*Rjõ*] vs riez [*Rje*] ils rient	je rirai	je ris	que je rie que ns riions [*Rijõ*] qu' ils rient	riant [*Rjã*] ri *(unveränderlich)* *(avoir)*
31/ **savoir** ↗ auch 111	je sais il sait ns savons ils savent	je saurai	je sus	que je sache que ns sachions	sachant su, e *(avoir)*
32/ **suivre**	je suis il suit ns suivons ils suivent	je suivrai	je suivis	que je suive	suivant suivi, e *(avoir)*
33/ **tenir** appartenir contenir venir	je tiens il tient ns tenons ils tiennent	je tiendrai	je tins il tint ns tînmes [*tε̃m*] vs tîntes [*tε̃t*]	que je tienne que ns tenions qu' ils tiennent	tenant tenu, e *(avoir)*

infinitif	indicatif *présent*	*futur*	*passé simple*	subjonctif *présent*	participes *présent/passé*
34/ vaincre convaincre	je vaincs il vainc ns vainquons ils vainquent	je vaincrai	je vainquis	que je vainque	vainquant vaincu, e *(avoir)*
35/ valoir	je vaux il vaut ns valons ils valent	je vaudrai	je valus	que je vaille que ns valions qu' ils vaillent	valant valu, e *(avoir)*
36/ venir	↗ tenir				venu, e *(être)*
37/ vivre	je vis il vit ns vivons ils vivent	je vivrai	je vécus	que je vive	vivant vécu, e *(avoir)*
38/ voir revoir prévoir pourvoir	je vois il voit ns voyons ils voient	je verrai ! je prévoirai je pourvoirai	je vis ! je pourvus	que je voie que ns voyions qu' ils voient	voyant vu, e *(avoir)*
39/ vouloir ↗ auch 111	je veux il veut ns voulons ils veulent	je voudrai	je voulus	que je veuille que ns voulions qu'ils veuillent	voulant voulu, e *(avoir)*

111 Beachte

— die Imperativformen von

aller:	va (vas-y), allons, allez;
s'en aller:	va-t'en, allons-nous-en, allez-vous-en;
s'asseoir:	assieds-toi, asseyons-nous, asseyez-vous;
savoir:	sache, sachons, sachez;
vouloir:	veuille, veuillez (m'excuser) entschuldige/entschuldigen Sie mich bitte; ne m'en veux/voulez pas sei(d) mir nicht böse.

— die Frageform mit Inversion (↗ 58) der 1. Person Singular des *présent* von *pouvoir*:
puis-je vous aider?

— die Formen der 2. Person Plural des *présent* von *contredire*, *interdire*, *prédire*: vous contre*disez*, vous inter*disez*, vous pré*disez*;
[!] maudire «verfluchen»: vous mau*dissez*.

Ableitung der Verbformen

112 Die verschiedenen Tempora und Modi sind von bestimmten Grundformen ableitbar. Dies gilt im wesentlichen auch für die unregelmäßigen Verben.

- Der **impératif** hat drei Formen.

Sie stimmen mit den entsprechenden Personalformen des *présent* des Indikativs überein, außer bei *avoir*, *être*, *savoir*, *vouloir*. Bei diesen Verben entsprechen sie den *subjonctif*-Formen (↗ 85, 86, 110, 111).
Die Schriftform der Verben auf *-er* hat kein *-s*, außer vor *en* und *y* (↗ 399).
Die *impératif*-Formen werden ohne Subjektpronomen gebraucht.
Beim *impératif* steht kein Ausrufezeichen:

tu	parles /finis /attends			*parle*	finis	attends
nous	parlons/finissons/attendons			parlons	finissons	attendons
vous	parlez /finissez /attendez			parlez	finissez	attendez

113 [!] parle*s*-en sprich darüber!
pense*s*-y denk daran!
va*s*-y geh hin!

114 • Das **futur** ist ableitbar

1/ bei den Verben auf *-er* von der 1. Person Singular des *présent*;
2/ bei den Verben auf *-ir*, *-re* vom *infinitif*.

Endungen: -rai, -ras, -ra, -rons, -rez, -ront

115 1/ Verben auf *-er*

chanter:	je chante	⟶	je chante**rai**	[*ʒəʃãtʀɛ*]
jouer:	je joue	⟶	je joue**rai**	[*ʒəʒuʀɛ*]
acheter:	j' achète	⟶	j' achète**rai**	[*ʒaʃɛtʀɛ*]
jeter:	je jette	⟶	je jette**rai**	[*ʒəʒɛtʀɛ*]
s'appeler:	je m'appelle	⟶	je m'appelle**rai**	[*ʒəmapɛlʀɛ*]
payer:	je paie [*ʒəpɛ*]	⟶	je paie**rai**	[*ʒəpɛʀɛ*]
oder:	je paye [*ʒəpɛj*]	⟶	je paye**rai**	[*ʒəpɛjʀɛ*]

! (r)envoyer: j'envoie; *futur* jedoch: *j'enverrai.*

116 Endet der Stamm auf eine Konsonantengruppe und ist der letzte Konsonant *-l* oder *-r*, wird vor der *futur*-Endung ein [*ə*] gesprochen:

rassembler:	je rassemble	⟶	je rassemblerai	[*ʒəʀasãbləʀɛ*]
montrer:	je montre	⟶	je montrerai	[*ʒəmõtʀəʀɛ*]
! monter:	je monte	⟶	je monterai	[*ʒəmõtʀɛ*]

117 Verben, deren Stamm auf *-é* + Konsonant endet (↗ 102), verändern den Stamm im *futur* nicht:

espérer:	j'espère	⟶	j'esp**é**rerai	[*ʒəspeʀʀɛ*]
préférer:	je préfère	⟶	je préf**é**rerai	[*ʒəpʀefeʀʀɛ*]

118 2/ Verben auf *-ir*, *-re*

finir:	je fini**rai**
attendre:	j' attend**rai**
dire:	je di**rai**

119 Die Verben auf *-ir* (mit Stammerweiterung) sind in der Lautform auch ableitbar von der 3. Person Singular des *présent*:
finir: [(il)fini] ⟶ [(*ʒə*)fini*ʀɛ*] (il finit ⟶ je finirai)
In der Schreibform entfällt die Personalendung *-t*!
Ebenso:

courir:	il court	⟶	je cour**rai**
prévoir:	il prévoit	⟶	je prévoi**rai** (↗ 110, *38*)
(ac)cueillir:	il (ac)cueill**e**	⟶	j' (ac)cueille**rai**

! *mourir* (vgl. *courir*): je mour**rai**

120 • Das **conditionnel présent** ist ableitbar wie das *futur* (↗ 114).

Endungen: -rais, -rais, -rait, -rions, -riez, -raient

chanter:	je chante	⟶	je chante**rais**

121 • Das **imparfait** ist ableitbar aus dem Stamm der 1. Person Plural des *présent de l'indicatif*.

Endungen: -ais, -ais, -ait, -ions, -iez, -aient

acheter: (nous) *achet*ons ⟶ j'achet**ais**
finir: (nous) *finiss*ons ⟶ je finiss**ais**
prendre: (nous) *pren*ons ⟶ je pren**ais**

122 • Das **participe présent** ist ableitbar aus dem Stamm der 1. Person Plural des *présent de l'indicatif*.

Endung: -ant

finir: (nous) *finiss*ons ⟶ finiss**ant**
prendre: (nous) *pren*ons ⟶ pren**ant**

123 • Das **présent du subjonctif** ist ableitbar aus dem Stamm der 3. Person Plural des *présent de l'indicatif*.

Endungen: -e, -es, -e, -ions [*jõ*], -iez [*je*], -ent

finir: (ils) *finiss*ent ⟶ que je finisse . . ., que nous finiss**ions**
attendre: (ils) *attend*ent ⟶ que j'attende . . ., que nous attend**ions**

124 ! Haben 1. und 2. Person Plural des *présent de l'indicatif* einen besonderen Stamm, gilt dieser auch für die entsprechenden Personen im *subjonctif*:

prendre: (ils) *prenn*ent ⟶ que je prenne . . .
(nous) *pren*ons ⟶ que nous pren**ions**, que vous pren**iez**
vouloir: (ils) *veul*ent ⟶ que je **veuille** (!)
(nous) *voul*ons ⟶ que nous voul**ions**, que vous voul**iez**

125 • Das **imparfait du subjonctif** ist ableitbar aus der Form der 2. Person Singular des *passé simple*.

Endungen: -se, -ses, -^t, -sions, -siez, -sent

Gebräuchlich sind vor allem einsilbige Formen der 3. Person Singular in der Schriftsprache wie

avoir: (tu) eus ⟶ (que j'eusse), qu'il eût
être: (tu) fus ⟶ (que je fusse), qu'il fût
faire: (tu) fis ⟶ (que je fisse), qu'il fît

Unpersönliche Verben

126 Unpersönliche Verben werden nur in der 3. Person Singular gebraucht; Subjekt ist neutrales *il* («es»). Viele dieser Verben bezeichnen Naturerscheinungen, so *pleuvoir* und *neiger*:

il pleut	es regnet
il neige	es schneit

127 Zu den unpersönlichen Verben gehört auch *falloir*:

Il faut 20 minutes jusqu'au centre.	Bis zum Zentrum braucht man 20 Minuten.
Il faut que je parte.	Ich muß weg.
Il fallait rentrer.	Wir mußten zurück.

128 Unpersönliche Ausdrücke von sonst persönlichen Verben:

il fait froid/chaud	es ist kalt/warm
il faisait beau/mauvais	es war schönes/schlechtes Wetter
il a fait soleil	die Sonne schien
Il arrive que je sois en retard.	Es kommt vor, daß ich zu spät komme.
Il vaut mieux partir tôt.	Es ist besser, zeitig loszufahren.

Unpersönliche Konstruktionen

129 Bei einigen Verben ist neben der persönlichen eine unpersönliche Konstruktion möglich. Sie erlaubt, das mitteilungswichtige Element ans Satzende zu rücken (↗ auch 63):

gehobene Sprache	Umgangssprache
Les débats *existent* entre nous.	*Il existe* des facteurs inconnus.
Wortgefechte "gibt es zwischen uns.	Es gibt (da) unbekannte Faktoren.
Ce jour-là, deux élèves *manquaient*.	*Il manque* deux élèves.
Zwei Schüler "fehlten an jenem Tag.	Es fehlen "zwei Schüler.

130 Persönlich gebrauchte Verben können deutsch durch unpersönliche Konstruktionen wiedergegeben werden:

J'ai beaucoup *aimé* ce film.	*Mir* hat dieser Film sehr gefallen.
Vos parents se portent bien?	Geht *es* Ihren Eltern gut?
Que *sont devenus tes projets* de vacances?	*Was ist* aus deinen Ferienplänen *geworden*?

Gebrauch von avoir und être

avoir und être als Hilfsverben

131 • Mit **avoir** als Hilfsverb bildet man
— die zusammengesetzten Tempusformen der meisten französischen Verben einschließlich *avoir* und *être*:

Nous *avons travaillé.*
Tu *as déménagé?*
J'*ai eu* une bonne note.
Les enfants *ont été* malades.

132 — (anders als im Deutschen!) die zusammengesetzten Tempusformen der Verben, die eine Bewegungsart ausdrücken, wie

passer, courir, marcher, sauter, nager.

Nos vacances *ont passé* trop vite.
Nous *avons* beaucoup *marché.*

133 • Mit **être** als Hilfsverb bildet man
— die zusammengesetzten Tempusformen von

aller – venir	monter – descendre	naître – mourir
arriver – partir	tomber	rester, demeurer
entrer – sortir	retourner	

sowie von davon abgeleiteten Verben wie *rentrer, devenir, intervenir, revenir:*

Mes amis *sont allés* au club.
Ses parents *étaient partis.*
Sylvie *est restée* à la maison.

134 — die zusammengesetzten Tempusformen der reflexiven Verben (↗ 107):

Je *me suis levé(e)* tard.
Qu'est-ce qui *s'est passé?*
Hier, Jean était en retard parce qu'il ne *s'était pas dépêché.*

135 — die Passivformen (↗ 104):

Le grand magasin *a été ouvert* hier.	Das Kaufhaus ist . . . eröffnet worden.
Le pont *sera reconstruit* l'année prochaine.	Die Brücke wird im nächsten Jahr wiederaufgebaut (werden).

Zur Veränderlichkeit des *participe passé* in zusammengesetzten Tempusformen ↗ 138–144.

avoir oder être

136 Entsprechend der Mitteilungsabsicht verwendet man bei einigen intransitiven oder intransitiv gebrauchten Verben

— *avoir*, wenn man einen **Vorgang** bezeichnen will;
— *être*, wenn man das **Ergebnis** eines Vorgangs bezeichnen will:

Vorgang: *avoir*	Ergebnis: *être*
Tout à coup, le pneu *a éclaté*. ... platzte ...	Le verre *est éclaté*. ... hat einen Sprung
Les beaux jours *ont passé* trop vite. ... sind vergangen	Les beaux jours *sont passés*. ... sind vorüber
La grammaire française *a paru* la semaine dernière. ... ist herausgekommen	La grammaire française *est* déjà *parue*. ... ist schon erschienen, liegt vor

137 Einige der unter 133 genannten Verben können auch ein direktes Objekt haben. Die zusammengesetzten Zeiten werden dann mit *avoir* gebildet. Beachte die Bedeutungsänderung:

être	avoir
Bernard *est monté* dans un compartiment de 2e classe. ... ist eingestiegen	Roger *a monté sa valise* dans sa chambre. ... hat hinaufgebracht
Nous *sommes descendu(e)s* place de la République. ... sind ausgestiegen	Jean *a descendu la valise*. ... hat heruntergeholt
Pourquoi est-ce que tu n'*es* pas *passé(e)* chez nous? ... vorbeigekommen	Les enfants *ont passé leurs vacances* à la campagne. ... haben verbracht

Veränderlichkeit des participe passé in den zusammengesetzten Zeiten

138 Die Veränderlichkeit des *participe passé* ist meist nur in der Schreibform erkennbar.
Die Lautform verändert sich nur bei den wenigen auf Konsonant endenden Partizipien *(écrit – écrite* [*ekʀi – ekʀit*]).
Für die Veränderlichkeit gilt:

> Mit ***avoir*** verbundenes *participe passé* richtet sich in Genus und Numerus nach vorangehendem direktem Objekt.

Ein direktes Objekt kann dem Verb vorangehen als:
— Personalpronomen (1)
— Relativpronomen (2)
— mit Substantiv verbundenes Fragewort (3)
— Interrogativpronomen *lequel?*, *laquelle?* (4)

1/ Les boissons, tu les as achetées où?

2/ Voilà les boissons que j'ai achetées.

3/ Quelles boissons est-ce que tu as achetées?

Combien de bouteilles tu as achetées!

4/ Il y avait des petites et des grandes bouteilles, lesquelles est-ce que tu as achetées?

139 ! Stets unverändert bleibt
— das *participe passé* unpersönlicher Verben:

La récolte qu'*il y a eu* dans cette région a été bonne.	Die Ernte, die es in dieser Gegend gab, war gut.

140 — das *participe passé* von *coûter*, *durer*, *courir*, *vivre*, wenn die Ergänzung nicht direktes Objekt, sondern Adverbialbestimmung ist (↗ 19):

les millions qu'*a coûté* la construction du pont	die Millionen, die der Brückenbau gekostet hat

141 — das *participe passé* von *faire*, *devoir*, *pouvoir*, wenn ein Infinitiv folgt:

La chambre que tu as *fait refaire* me plaît beaucoup maintenant.	Das Zimmer, das du hast renovieren lassen, gefällt mir jetzt sehr gut.
J'ai fait tous les travaux que j'*ai pu/dû faire*.	Ich habe alle Arbeiten gemacht, die ich machen konnte/mußte.

142 — das *participe passé*, dem *en* vorangeht, welches für ein direktes Objekt steht (↗ 400):

J'ai acheté des pommes, j'*en ai mangé* deux.	Ich habe Äpfel gekauft, zwei habe ich davon gegessen.

143 Mit *être* verbundenes *participe passé* richtet sich in Genus und Numerus nach dem Subjekt.

Sylvie *est allée* dans les Alpes.	Sylvie ist in den Alpen gewesen.
Ses parents *sont restés* à Paris.	Ihre Eltern sind in Paris geblieben.
Christine et Nathalie *se sont dépêchées*.	Christine und Nathalie haben sich beeilt.

(Zum reflexiven Verb ↗ auch 107, 134)

144 [!] Das *participe passé* von reflexiv gebrauchten Verben (↗ 107) richtet sich in Genus und Numerus nach vorangehendem direktem Objekt (– vgl. mit *avoir* verbundenes *participe passé*, ↗ 138–142):

Sylvie *s'est lavée*.	Sylvie hat sich gewaschen.

(*se* = vorangehendes direktes Objekt)

Elle *s'est lavé* les mains.	Sie hat sich die Hände gewaschen.

(*se* = indirektes Objekt: elle a lavé les mains à qui?)

Finite Verbformen

imparfait — passé composé — passé simple

145 • Grundbedeutung des **imparfait**

Eine in der Vergangenheit liegende Handlung wird vom Sprecher bzw. Schreiber als nicht abgeschlossen wiedergegeben. Es wird der **Ablauf** der Handlung betont.
Anfang und Ende des Vorgangs sind ohne Belang:

Bernard *passait* ses vacances en Normandie. Un jour, . . .

Zum Gebrauch des *imparfait* als Erzählform ↗ 151, 153.

146 • Grundbedeutung des **passé composé**

Eine vor dem Redemoment liegende einmalige Handlung wird vom Sprecher bzw. Schreiber als **abgeschlossen** wiedergegeben.
Das *passé composé* drückt eine auf die Gegenwart bezogene Vorzeitigkeit aus (↗ auch 156):

J'*ai fait* les courses. Je vais maintenant ranger ma chambre.

(vor dem Redemoment) *(Redemoment)*

147 [!] Mit dem *passé composé* von Verben wie *finir*, *terminer* stellt man auch ein in naher Zukunft abgeschlossenes Geschehen dar. Es wird gebraucht mit Adverbialbestimmungen, die die nahe Zukunft unterstreichen:

Attends, j'*ai fini dans dix minutes.*	Warte, in zehn Minuten bin ich fertig!

Zum Gebrauch des *passé composé* («zusammengesetzte Vergangenheitszeit») als Erzählform der Umgangssprache ↗ 150.

148 Mit **venir de** + *infinitif* gibt man eine Handlung als unmittelbar zuvor abgeschlossen wieder (↗ auch 197):

Je n'ai plus faim, je *viens de manger.*	Ich habe keinen Hunger mehr, ich habe *gerade* gegessen.

149 • Grundbedeutung des **passé simple**

Eine in der Vergangenheit liegende einmalige Handlung wird als **abgeschlossen** wiedergegeben. Anders als beim *passé composé* (↗ 146) ist die Handlung nicht auf die Gegenwart bezogen.
Das Geschehen ist zeitlich begrenzt, und zwar

— am Anfang (Wann trat die Handlung ein?):

Il avait faim; alors il *décida* de manger un peu.

— am Ende (Wann war der Vorgang abgeschlossen?):

La Commune de Paris dura 72 jours.

— am Anfang und am Ende (Von wann bis wann dauerte der Vorgang?):

Louis XIV fut roi de France de 1643 à 1715.

[!] Das *passé simple* («einfache», d. h. nicht zusammengesetzte Vergangenheitszeit) wird heute ausschließlich in der Schriftsprache verwendet.

Zum *passé simple* als Erzählform der Schriftsprache ↗ 153, 154.

Erzählen und Beschreiben in der Vergangenheit

150 *passé composé* und *imparfait* sind Erzählformen der Umgangssprache (↗ 153).
Im *passé composé* wird der **Vordergrund** der Handlung wiedergegeben, im *imparfait* der **Hintergrund**, der Rahmen.
Entsprechend ihrer jeweiligen Bedeutung (↗ 145, 146) gebraucht man

151

- *passé composé*

— zum Ausdruck eines einmaligen **abgeschlossenen** Geschehens;

Cette année, Christian *a passé* une semaine en Provence.

- *imparfait*

Avant, il *passait* ses vacances en Normandie.

— zur Beschreibung eines in der Vergangenheit in seinem Verlauf gesehenen Geschehens;

Il y *allait* toujours au mois d'août.

— zur Beschreibung wiederholter (gewohnheitsmäßiger) Handlungen;

Christian y *avait* beaucoup d'amis.

— zur Beschreibung von Begleitumständen des Geschehens;

C'*était* très agréable.

— zum Ausdruck einer Einschätzung;

Un jour, ... – Bernard *travaillait* à l'étable – . . .

— zur Wiedergabe einer im Ablauf befindlichen Handlung, die Rahmen, d. h. Hintergrund ist für eine neu eingetretene Handlung.

. . . son ami Serge lui *a demandé* de conduire le tracteur.

— zum Ausdruck einer **neu eingetretenen**, zum Redemoment aber **abgeschlossenen** Handlung. (↗ 146)

152 Vor allem in der Presse wird das *imparfait* gebraucht, um auch neu eintretendes Geschehen in seinem **Verlauf** wiederzugeben, es als nicht abgeschlossen darzustellen:

A midi, le train *arrivait*. Les jeunes Français *descendaient* et le représentant de la FDJ les *saluait*.

Um zwölf Uhr kam der Zug an. Die jungen Franzosen stiegen aus, und der Vertreter der FDJ begrüßte sie.

153 • Das **passé simple** ist die Erzählform in literatursprachlichen Texten (↗ auch 150). Es gibt den Vordergrund der Handlung wieder, ihren roten Faden, und zwar im Zusammenspiel mit *imparfait*-Formen, die Nebenumstände der Handlung, deren Hintergrund schildern und signalisieren (↗ 151):

Il y avait, à côté du puits, une ruine de vieux mur de pierre. Lorsque je *revins* de mon travail, le lendemain soir, j'*aperçus* de loin mon petit prince . . . Et je l'*entendis* qui parlait: — Tu ne t'en souviens donc pas? disait-il. (SAINT-EXUPÉRY)	Neben dem Brunnen stand die Ruine einer alten Steinmauer. Als ich am nächsten Abend von meiner Arbeit zurückkam, sah ich meinen kleinen Prinzen von weitem . . . Und ich hörte ihn sprechen: «Du erinnerst dich also nicht mehr?» sagte er.

154 Im *passé simple* werden daher vor allem auch historische Ereignisse wiedergegeben:

Au cours de l'hiver de 1870–1871, le peuple de Paris devait supporter plus que jamais les conséquences de la guerre franco-allemande. Les vivres manquaient . . . Dans la nuit du 18 mars 1871, les troupes du gouvernement *entrèrent* dans Paris . . .	Während des Winters 1870/1871 hatte die Pariser Bevölkerung mehr denn je unter den Folgen des deutsch-französischen Krieges zu leiden. Es fehlte an Lebensmitteln. . . . In der Nacht zum 18. März 1871 drangen die Regierungstruppen in Paris ein.

155 ! quand + *imparfait* = «immer wenn»
quand + *passé composé*/*passé simple* = «als»

Luc a été en Bretagne. *Quand* il *faisait* beau, il allait à la plage.	Luc war in der Bretagne. (Immer) Wenn schönes Wetter war, ging er an den Strand.
Quand j'*ai quitté* le bureau, il pleuvait.	Als ich das Büro verließ, regnete es.

plus-que-parfait — passé antérieur

156 • Das **plus-que-parfait** gibt eine Handlung wieder, die vor einer anderen vergangenen Handlung bereits **abgeschlossen** war. Es drückt also eine auf die Vergangenheit bezogene Vorzeitigkeit aus (↗ 146):

Elle avait mal; elle *était tombée*.

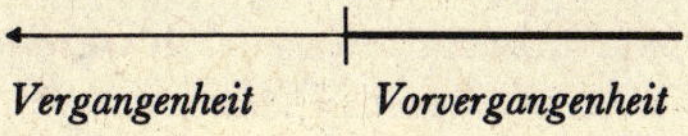

157 • Das **passé antérieur** drückt eine unmittelbare Vorzeitigkeit aus, bezogen auf einen anderen Vorgang in der Vergangenheit. Es wird gebraucht vor allem nach adverbialen Bestimmungen wie *en peu de temps*, *en un quart d'heure*, *dès que*, *après que*, *quand*.
Das *passé antérieur* tritt in der Schriftsprache auf:

Dès que Jeanne d'Arc *eut délivré* Orléans, elle fit sacrer Charles VII à Reims.	Sobald Jeanne d'Arc Orléans befreit hatte, ließ sie Karl VII. in Reims krönen.

futur

> Les Masson *partiront* en montagne fin juillet.
> Ils espèrent qu'il *fera* beau.

158 Das *futur* bezeichnet

— ein künftiges Geschehen. Im Deutschen steht dafür oft das Präsens:

Quand est-ce que tu *auras* tes congés?	Wann *hast* du Urlaub?
Jean *rentrera* certainement.	Jean kommt bestimmt zurück.

159 Wird durch eine Adverbialbestimmung der Zeit auf ein künftiges Geschehen hingewiesen, steht auch im Französischen statt *futur* oft das *présent*:

On *part dimanche*?	Fahren wir am Sonntag?
Tu *prends* le train *de* 7 *heures*?	Fährst du mit dem 7-Uhr-Zug?

160 — eine auf die Gegenwart bzw. Zukunft bezogene Vermutung:

Jean-Pierre est absent. Il *sera* malade.	Jean-Pierre fehlt, er wird *wohl* krank sein.

Zum weiteren modalen Gebrauch des *futur* ↗ 239, 254;
zum *futur* im Konditionalsatz ↗ 520.

aller + infinitif

161 *aller* + *infinitif* hat ebenfalls futurischen Charakter.
Es wird aber vor allem in modaler Bedeutung gebraucht (↗ auch 240);
aller ist Hilfsverb mit der Bedeutung «wollen, werden» und drückt aus

— eine feste Absicht, eine Zusicherung:

Oh, le train est déjà parti! Qu'est-ce que tu *vas faire*? – Je *vais attendre* le prochain train.	Oh, der Zug ist schon weg. Was willst/wirst du nun tun? – Ich werde auf den nächsten Zug warten.

162 — eine Gewißheit:

Mlle Bauer *va accompagner* la délégation pendant son séjour en RDA.

Mademoiselle Bauer wird die Delegation während ihres Aufenthaltes in der DDR begleiten.

J'ai fait installer un système stéréo ... On y passera de la musique douce ... Ça *va être* chouette, vous *allez voir* ...

Ich habe eine Stereo-Anlage einbauen lassen ... Leise Musik wird erklingen ... Das wird prima ... Sie werden sehen ...

futur antérieur

J'*aurai fini* mon travail à midi.
Quand tu arriveras, je *serai parti(e)*.

163 Mit dem *futur antérieur* gibt man wieder

— ein in der Zukunft abgeschlossenes Geschehen. Im Deutschen steht dafür im allgemeinen das Perfekt:

Dans quatre ans, ma fille *aura terminé* ses études.

In vier Jahren hat meine Tochter ihr Studium beendet.

Dans moins de vingt minutes je *serai rentré(e)*.

In knapp zwanzig Minuten bin ich zurück.

Eine andere danach eintretende künftige Handlung wird durch das *futur* wiedergegeben:

Quand j'*aurai fini* mon travail, je *partirai* en vacances.

Wenn ich mit meiner Arbeit fertig bin, werde ich verreisen.

164 — eine Vermutung über ein bereits abgeschlossenes Geschehen (↗ 160):

Tu as déjà téléphoné à Sylvie? – Oui, mais il n'y a personne chez les Masson. Ils *seront partis*.

Hast du Sylvie schon angerufen? – Ja, aber bei Massons ist niemand. Sie werden weggegangen sein.

conditionnel

J'ai dit à mon ami que...
je *passerais* dimanche chez lui.
j'*aurais fini* mon travail à midi.

165 • Das **conditionnel présent** gibt ein Geschehen wieder, das von einem Zeitpunkt der Vergangenheit aus als künftig noch zu realisieren gesehen wird (*futur du passé*; vgl. 158):

Jean-Luc espérait que pendant les vacances il *pourrait* aller à la mer.

Jean-Luc hoffte, daß er während der Ferien ans Meer fahren könne.

166 • Das **conditionnel passé** gibt ein Geschehen wieder, das von einem Zeitpunkt der Vergangenheit aus als zu einem bestimmten Zeitpunkt abgeschlossen gesehen wird:

Le médecin a dit que la fièvre *serait tombée* à midi.	Der Arzt sagte, daß das Fieber am Mittag heruntergegangen sein wird.

Eine andere danach eingetretene künftige Handlung wird durch das *conditionnel présent* wiedergegeben:

Jean savait: Quand la fièvre *serait tombée*, il se *sentirait* mieux.	Jean wußte: Wenn das Fieber heruntergegangen sein wird, wird er sich besser fühlen.

Das *conditionnel* hat vor allem modale Bedeutung; ↗ 201–203, 247, 253, 255.

subjonctif

167 Der *subjonctif* tritt im Sprachgebrauch der Gegenwart in den Formen des *présent* und des *passé* auf, und zwar sowohl in der geschriebenen als auch in der gesprochenen Sprache.
imparfait du subjonctif und *plus-que-parfait du subjonctif* existieren heute nur noch in der Schriftsprache, und zwar vor allem einsilbige Formen der 3. Person Singular wie *qu'il eût*, *qu'il fût*, *qu'il vînt*, *qu'il fût venu*.

[!] Der *subjonctif* ist nicht dem deutschen Konjunktiv gleichzusetzen.

Der subjonctif im Hauptsatz

168 Der *subjonctif* stellt in unabhängigen mit *que* ... eingeleiteten Hauptsätzen ein Geschehen oder einen Zustand als gewollt, erwünscht, gefordert dar (↗ auch 250):

Qu'il *pleuve* enfin!	Es soll endlich regnen!
Que François *parte* tout de suite!	François soll sofort gehen!

In einigen formelhaften Äußerungen fehlt das *Que*...:

Vive la solidarité!	Es lebe die Solidarität!
Sauve qui peut!	Rette sich, wer kann!

Der subjonctif im Nebensatz

169 Im Nebensatz wird der *subjonctif* ausgelöst

— durch bestimmte im übergeordneten Satz stehende Verben, die sich ihrer Bedeutung nach in Gruppen einteilen lassen und von denen der betreffende Nebensatz mit *que* abhängt (↗ 170–177);

— durch bestimmte Konjunktionen (↗ 179).

subjonctif in que-Nebensätzen

170 Auslöser eines *subjonctif* in mit *que* eingeleiteten Nebensätzen sind Verben und Ausdrücke, die bezeichnen:

- Willensäußerung

> Je *veux que* tu *fasses* ton travail.
> Je *préfère* que tu m'*attendes* ici.
> *Il faut* que tu me *comprennes*.

1/ (Wunsch, Wollen, Bitte, Befehl, Erlaubnis, Verbot, Verhindern, Vorschlag, Anraten u. ä.) wie

vouloir que, *souhaiter que*, *désirer que*, *aimer que*, *demander que*, *permettre que*, *défendre que*, *empêcher que*, *proposer que*;
aimer mieux que, *préférer que*, *il vaut mieux que*;
il faut que, *il est nécessaire que*, *il est indispensable que*, *il convient que*

Je voudrais que nous *sortions*.	Ich möchte gern, daß wir ausgehen.
Ou est-ce que *tu préfères que* nous *restions* à la maison?	Oder möchtest du lieber, daß wir zu Hause bleiben?

171 2/ (Befürchtung) wie

avoir peur que, *craindre que*

Je crains qu'il (ne) *vienne*.	Ich befürchte, daß er kommt.

(In gehobener Sprache verwendetes *ne* bedeutet keine Verneinung!)

Je crains qu'il ne *vienne* pas.	Ich befürchte, daß er nicht kommt.
Je ne *crains* pas qu'il *vienne*.	Ich befürchte nicht, daß er kommt.

172 Ebenso steht im **Relativsatz** der *subjonctif*, wenn der Sprecher bzw. Schreiber eine erst geforderte Eigenschaft ausdrückt.
Unterscheide also:

Jean cherche un lieu de vacances *qui* ne *soit* pas trop loin de Paris.	Jean sucht einen Ferienort, der von Paris nicht allzuweit weg ist.
Jean passe ses vacances dans un lieu *qui* n'*est* pas trop loin de Paris.	Jean verbringt seine Ferien in einem Ort, der von Paris nicht allzuweit weg ist.

173 • Persönliche Stellungnahme

> *Je trouve bien* que tu *viennes* demain.
> *Il est important* que tu *saches* discuter.

(Beurteilung eines Sachverhalts, Bewertung einer Aussage u. ä.) wie

trouver bien que, *trouver mauvais que*, *trouver juste que*;
il est bon que, *c'est bien que*, *il est juste que*, *il est normal que*, *il est utile que*, *il est important que* bzw. *c'est utile que* . . . etc.

Je *trouve juste* que Pierre *soit* responsable de cette exposition.	Ich finde es richtig, daß Pierre für diese Ausstellung verantwortlich ist.
C'est important que tu *prennes* part à l'organisation du voyage.	Es ist wichtig, daß du dich an der Organisierung der Reise beteiligst.

174 Entsprechend wird der *subjonctif* auch ausgelöst im **Relativsatz**, wenn der Sprecher bzw. Schreiber eine ganz persönliche Stellung zu einem bestimmten Sachverhalt bezieht, so durch die Verwendung von *le premier*, *le dernier*, *le seul* sowie nach Superlativen:

C'est *la seule* solution que je *connaisse*.	Das ist die *(meiner Meinung nach)* einzige Lösung, die ich kenne.

175 • Persönliches Empfinden

> Je *suis content* qu'il ne *pleuve* pas.
> Je *regrette* que tu *sois* malade.
> *C'est dommage* que tu ne *puisses* pas venir.

(Freude, Zustimmung, Ablehnung, Bedauern, Bewunderung, Staunen u. a.) wie

être heureux que, *être content que*, *se réjouir que*, *regretter que*, *se plaindre que*, *avoir honte que*, *admirer que*, *s'étonner que*, *être étonné que*, *être surpris que;*
c'est dommage que, *c'est une honte que*

Nous *sommes contents* que tu *sois* là.	Wir sind froh, daß du da bist.
C'est dommage que tu *doives* repartir bientôt.	Es ist schade, daß du bald wieder wegfahren mußt.

176 Nach einigen Verben der Gefühlsbewegung, die ein mit *de* angeschlossenes Objekt haben können (↗ auch 14), kann stehen
statt: *que* + *subjonctif* auch: de ce que + indicatif

Je me réjouis	*que* tu *sois* guéri(e). *de ce que* tu *es* guéri(e).	Ich freue mich, daß du wieder gesund bist.

177 • Zweifel

> Je *doute* que tu *fasses* ton travail.
> *Il n'est pas sûr* que nous *partions* demain.

(Unsicherheit, Ungewißheit, Unwahrscheinlichkeit, Nichtwissen u. a.) wie

ne pas dire que, *ne pas penser que*, *ne pas croire que*, *ne pas trouver que*, *ne pas imaginer que*, *douter que*, *contester que*, *ignorer que*, *ne pas espérer que;*
il est impossible que, *il n'est pas possible que*, *il (ne) semble (pas) que*, *il n'est pas sûr que*, *il n'est pas certain que*, *il n'est pas vrai que*

Je *ne crois pas qu'*on *puisse* faire du camping cette année.	Ich glaube nicht, daß wir in diesem Jahr zelten können.
Il *n'est pas sûr qu'*on *puisse* refaire tout le quartier. (↗ auch 192, 193)	Es steht noch nicht fest, daß das ganze Viertel rekonstruiert werden kann.
Il (ne) semble (pas) que tu aies raison.	Du scheinst (nicht) recht zu haben.

Ist der im Nebensatz dargestellte Sachverhalt ein zukünftiges Geschehen, steht nach diesen Verben meist der *indicatif*: Je ne pense pas que nous *pourrons* faire du camping cette année.
Wenn die Verben *dire*, *penser*, *croire* usw. in der (für die gehobene Sprache charakteristischen) Inversionsfrageform (↗ 58) gebraucht werden, steht im *que*-Satz der *subjonctif*:

Croyez-vous que ce *soit* utile?	Glauben Sie, das sei von Nutzen?

178 ! *ne pas* ignorer que + *indicatif* = *sehr wohl* wissen
il *me* semble que + *indicatif* = je crois

Il *me* semble que tu *as* raison.	Mir scheint, du hast recht.

subjonctif in Adverbialsätzen

179 Im Adverbialsatz (↗ 508 ff.) steht der *subjonctif* nach einigen einleitenden Konjunktionen wie
! *pour que*, *avant que*, *sans que*, *bien que* (↗ 498 ff.)

On a beaucoup construit ...		Es wurde viel gebaut, ...
pour que	la vie dans notre quartier *soit* plus agréable.	damit das Leben in unserem Wohnviertel angenehmer wird.
bien qu'	il y *ait* toujours des problèmes.	obwohl es immer noch Probleme gibt.

180 ! Man gebraucht statt des *que*-Nebensatzes im *subjonctif* die Infinitivkonstruktion, wenn
— beide Verben das gleiche Subjekt haben:

Je suis content(e) *de pouvoir accompagner* la délégation française.	Ich bin froh, die französische Delegation begleiten zu dürfen.
Jean se dépêche *pour arriver* à l'heure au cinéma.	Jean beeilt sich, um rechtzeitig zum Kino zu kommen.

181 — das Subjekt des untergeordneten Verbs schon aufgetreten ist (als Objekt des übergeordneten Verbs):

Je *te* propose *de venir* ce soir.	Ich schlage dir vor, heute abend zu kommen.

impératif

> C'est loin, la gare? . . .
>
> *Demande* à ce monsieur.
> *Dépêchons-nous.*
> *Prenez* le métro.

182 Entsprechend der konkreten Redesituation kann mit den Formen des *impératif* (↗ 112) ausgedrückt werden:

- ein Befehl:

Reste.	Bleib!
Répondez.	Antworten Sie!

183 • eine (höfliche) Aufforderung:

Asseyez-vous, madame.	Setzen Sie sich, Madame!
Dépêchons-nous.	Beeilen wir uns!

184 • ein Ratschlag, eine Empfehlung:

Travaille bien.	Arbeite gut!
Ne *faites* pas trop de mouvements avec votre main.	Bewegen Sie Ihre Hand nicht zuviel!

185 • ein Hinweis:

Prenez le métro.	Fahren Sie mit der U-Bahn!
Traversez la rue aux feux.	Gehen Sie an der Ampel über die Straße!

186 • eine Ermahnung:

Soyez prudents.	Seien Sie/Seid vorsichtig!
Sois gentil avec tes amis.	Sei nett zu deinen Freunden!

187 • ein Wunsch:

Soyez heureux.	Seid/Seien Sie glücklich!
Dors bien.	Schlaf gut!

188 Außerdem tritt der *impératif* in einigen festen Wendungen auf:

J'ai un cadeau pour toi, *tiens*.	Ich habe ein Geschenk für dich, bitte!
Ce livre est pour vous, *tenez*.	Dieses Buch ist für Sie, bitte!
Vas-y! Plus vite!	Los! Schneller!
Allez!	Na dann!, Also dann!

Weitere sprachliche Mittel zur Wiedergabe von Aufforderungen ↗ 238–244.

Passiv und passivische Ausdrucksformen

Aktiv: Marc a bien organisé la réunion.
Passiv: La réunion *a été* bien *organisée* (*par* Marc).

189 Das Passiv ist nur möglich von Verben, die ein direktes Objekt haben können (↗ 11, 12) und die eine Handlung bezeichnen.
Passivformen (↗ 104–106) stehen im allgemeinen ohne Angabe des Handelnden.
Der Handelnde wird jedoch genannt, wenn er hervorgehoben werden soll. (Hervorhebung im Aktivsatz durch *c'est ... qui: C'est Marc qui a organisé l'exposition.* ↗ 64)

Im *présent* und im *imparfait* wird der Handelnde meist genannt (↗ 193). Man schließt das Wort, das den Handelnden bezeichnet, mit *par* an, bei *être aimé*, *être estimé*, *être admiré*, *être apprécié*, *être suivi* mit *de*:

La tour *a été construite* en deux ans (*par* une entreprise connue).	Der Turm ist in zwei Jahren (von einer bekannten Firma) erbaut worden.
L'hôtel *est/était construit par une entreprise* étrangère.	Das Hotel wird/wurde von einer ausländischen Firma erbaut.

190 ! Das *participe passé* entspricht einem prädikativen Adjektiv (↗ 343), wenn es einen Zustand bezeichnet:

La porte *est fermée.*	Die Tür ist zu.
Ma chambre *est refaite.*	Mein Zimmer ist renoviert.
La table *était débarrassée.*	Der Tisch war abgeräumt.

191 Bedeutungsverwandt mit der Passivkonstruktion sind bei unbestimmtem Handlungsträger passivische Ausdrucksformen wie

- bei einer Reihe von Verben die **reflexive Form** in der **3. Person** Singular oder Plural:

Ça *se mange* froid.	Das wird kalt gegessen.
Ces produits *se vendent* bien.	Diese Erzeugnisse gehen gut.

192 • die **Umschreibung** mit ***on***:

Ici, *on parle* français.	Hier wird Französisch gesprochen.
En France, *on boit* beaucoup de vin.	In Frankreich wird viel Wein getrunken.
Pour la foire, *on attend* beaucoup d'exposants étrangers.	Zur Messe werden viele ausländische Aussteller erwartet.

193 Die Konstruktion mit *on* wird meist verwendet, wenn ein passivischer Vorgang im *présent* oder im *imparfait* ohne Angabe des Handlungsträgers ausgedrückt werden soll (↗ auch 189):

Dans notre ville *on construit* beaucoup d'immeubles. — In unserer Stadt *werden* viele Wohnhäuser *gebaut.*

194 • die **Konstruktion** mit ***être + à + infinitif*****:**

Cette chambre *est à refaire.* — Dieses Zimmer *muß renoviert werden.*
Ce problème *est* encore *à discuter.* — Über dieses Problem *muß* noch *gesprochen werden.*

Infinite Verbformen

infinitif

195 Der *infinitif* und die konjugierten Formen bestimmter Verben bilden zusammen sogenannte verbale Umschreibungen.
Durch diese wird die Aussage des im *infinitif* stehenden Verbs temporal oder modal näher bestimmt.
Zwischen Verb und *infinitif* können auch Präpositionen treten, und zwar meist *de* oder *à*.
Außer von Verben kann der *infinitif* auch von Substantiven oder Adjektiven abhängen (↗ 222).

Verbale Umschreibungen

196 • **aller faire qc**

Je suis libre cet après-midi. Je *vais inviter* des amis. — Ich habe heute nachmittag frei. Ich *werde* Freunde einladen.
Vous *allez dire* que je n'ai pas raison. — Sie werden sagen, daß ich nicht recht habe.
(↗ auch 161, 162, 199, 240)

197 • **venir de faire qc**

Tu prends une tasse de café? – Non, merci, je *viens de reprendre* du vin. — Trinkst du eine Tasse Kaffee? – Nein, danke, ich habe mir *gerade* Wein nachgeschenkt.
Quand je suis arrivé(e) à la gare, le train *venait de partir.* — Als ich am Bahnhof ankam, war der Zug *gerade* abgefahren.
(↗ auch 148)

Umschreibungen für deutsche Modalverben

wollen

198 • **vouloir faire qc**

Je ne regarde pas la télévision ce soir. Je *veux me coucher* tôt. — Ich sehe heute abend nicht fern. Ich *will* früh zu Bett gehen.

199 • **aller faire qc**

Tu as ton parapluie? – Le parapluie ...? j'*allais aller* le *chercher*. — Hast du deinen Schirm? – Den Schirm ...? den *wollte* ich *gerade* holen.

200 • **penser faire qc**

Où est-ce que tu vas cet été? – Je *pense aller* en montagne. — Wo fährst du diesen Sommer hin? – Ich *will* (beabsichtige,) ins Gebirge (zu) fahren.

mögen

conditionnel von

201 • **vouloir faire qc**

Nous *voudrions rester* à la maison. — Wir *möchten* zu Hause bleiben.

202 • **aimer bien faire qc**

J'*aimerais bien aller* à la mer. — Ich *möchte* gern an die See fahren.

müssen

203 • **devoir faire qc** (zum Ausdruck einer objektiven Notwendigkeit)

Il est déjà tard, je *dois partir* au travail. — Es ist schon spät, ich muß zur Arbeit.

bzw. abgeschwächt durch *conditionnel:*

Danièle m'a écrit. Je *devrais répondre* à sa lettre tout de suite. — Danièle hat mir geschrieben. Ich müßte ihren Brief sofort beantworten.

204 • **il faut faire qc** (zum Ausdruck einer moralischen Notwendigkeit)

Il faut lutter contre la faim dans le monde. — Man muß gegen den Hunger in der Welt kämpfen.

Il faut faire des efforts. — Man muß sich Mühe geben.

205 • **avoir qc à faire** (zum Ausdruck einer Verpflichtung, einer noch bestehenden Notwendigkeit)

Tu ne veux pas l'aider? – Je sais moi-même ce que j'*ai à faire*.	Willst du ihm nicht helfen? – Ich weiß selbst, was ich tun muß/was ich zu tun habe.
Je ne peux pas partir, j'*ai* encore une lettre *à écrire*.	Ich kann nicht weg, ich muß noch einen Brief schreiben.

nicht/nur brauchen

206 • **ne pas avoir à faire qc**
n'avoir qu'à faire qc

Aujourd'hui, je suis invité(e) chez des amis; alors je *n'ai pas* de repas *à préparer*.	Ich bin heute bei Freunden eingeladen; ich brauche also kein Essen zu machen.
Tu *n'as qu'à réfléchir* avant.	Du brauchst nur vorher zu überlegen.

dürfen

207 • **pouvoir faire qc**

Est-ce que vous *pouvez venir* avec nous? – Non, nous ne *pouvons* pas *sortir* ce soir, nos parents ne veulent pas.	Dürft ihr mit uns mitkommen? – Nein, wir dürfen heute abend nicht weggehen, unsere Eltern möchten es nicht.

nicht dürfen

208 • **ne pas devoir faire qc**

Ici on *ne doit pas faire* de bruit.	Hier darf kein Lärm gemacht werden.
Cela *ne doit pas* te *surprendre*.	Das darf dich nicht überraschen.

209 • **il ne faut pas faire qc**

Il est déjà tard; *il ne faut pas perdre* de temps.	Es ist schon spät; wir dürfen keine Zeit verlieren.

sollen

210 • **devoir faire qc**

Ta mère m'a téléphoné. Tu *dois rentrer* avant 9 heures. (↗ auch 251)	Deine Mutter hat mich angerufen. Du sollst bis 9 Uhr nach Hause kommen.

können

211 • **pouvoir faire qc** (zum Ausdruck einer Möglichkeit [1] bzw. einer Erlaubnis [2])

1/ Nous n'avons pas le téléphone, je ne *peux* pas te *téléphoner*.	Wir haben kein Telefon, ich kann dich nicht anrufen.
2/ Je *peux rester*?	Kann ich/Darf ich bleiben?

212 • **savoir faire qc** (zum Ausdruck eines wissensmäßigen Könnens)

Tu *sais conduire*?	Kannst du Auto fahren?
Mon papa *sait faire* la cuisine.	Mein Vater kann kochen.

213 • **arriver à faire qc** (zum Ausdruck eines Gelingens)

Tu *arrives à fermer* la valise?	Kriegst du den Koffer zu? (Kannst du den Koffer zumachen?)
Nous *sommes arrivés à empêcher* une panne.	Wir konnten eine Panne verhindern.

scheinen (den Anschein haben)

214 • **paraître/sembler faire qc**

Roger *paraît* s'*intéresser* à la géographie.	Roger scheint sich für Geographie zu interessieren.
Tu *sembles avoir faim*.	Du scheinst Hunger zu haben.

Andere Verben + infinitif

Anschluß ohne Präposition

215 Der *infinitif* **ohne** Präposition steht u. a. nach

• *laisser* «(zu)lassen» – *faire* «(veran)lassen»:

M. Breton *laisse partir* le train. (Auch: Il laisse *le train* partir.)	M. Breton läßt den Zug abfahren.
Le professeur *fait faire* une carte de France.	Der Lehrer läßt eine Karte von Frankreich zeichnen.

216 • *aimer*, *préférer*, *il vaut mieux:*

J'*aime faire* des gâteaux.	Ich backe gern.
En juillet, il pleut souvent. Je *préfère partir* en août.	Im Juli regnet es oft. Ich verreise lieber im August.
Il vaut mieux réserver des places.	Es ist besser, Plätze zu bestellen.

217 • Verben der sinnlichen Wahrnehmung: *regarder*, *voir*, *entendre*, *écouter*, *sentir:*

J'*ai entendu* les jeunes *discuter*. (Auch: J'ai entendu discuter *les jeunes*.)	Ich habe die jungen Leute diskutieren hören.

218 • *dire*, *déclarer*, *affirmer*, *prétendre; croire; espérer*, *désirer:*

Je *crois avoir vu* tes parents.	Ich glaube, deine Eltern gesehen zu haben.

Anschluß mit Präposition

219 Über den Anschluß des *infinitif* mit *à* bzw. mit *de* gibt es keine Regeln. Beim Lernen der Verben sollte man sich daher die entsprechende Präposition mit einprägen.
Als Orientierung kann gelten, daß ein *infinitif* im Sinne der Angabe einer **Richtung**, eines Zieles bzw. eines **Zweckes**, einer Bestimmung im allgemeinen mit ***à*** angeschlossen wird (vgl.: une machine *à* écrire, ↗ 561):

apprendre, *aider*, *continuer*, *se préparer* ***à*** + *infinitif*

Le frère de Christine *apprend à jouer* de la guitare.	Christines Bruder lernt Gitarre spielen.

220 Der Anschluß des *infinitif* mit ***de*** ist der weitaus häufigste:

essayer, *arrêter*, *finir*, *proposer*, *promettre*, *oublier*, *s'excuser*, *se dépêcher*, *conseiller* ***de*** + *infinitif*

J'*ai oublié de faire* les courses.	Ich habe vergessen einzukaufen.

221 [!] Einige Verben schließen den *infinitif* unterschiedlich an. Daraus ergibt sich auch jeweils eine andere Bedeutung:

venir *de* faire qc (↗ 148, 197)	*soeben* etwas getan haben
venir *faire* qc	kommen, um etwas zu tun
commencer *à* faire qc	anfangen, etwas zu tun
commencer *par* faire qc	*zuerst* etwas tun
finir *de* faire qc	aufhören; fertig sein mit
finir *par* faire qc	*schließlich/endlich* etwas tun
se décider *à* faire qc	sich entschließen, etwas zu tun
être décidé *à* faire qc	entschlossen sein, etwas zu tun
décider *de* faire qc	beschließen, etwas zu tun
Je *commence à travailler* à 8 heures.	Ich fange um 8 Uhr an zu arbeiten.
Je *commence par lire* le courrier, ensuite...	*Zuerst* lese ich die Post, dann ...

Substantiv/Adjektiv + infinitif

222 Verbale Umschreibungen können auch mit Substantiven und Adjektiven gebildet werden:

avoir raison avoir envie avoir le temps avoir peur avoir besoin	de faire qc	être en train être content être facile/difficile être utile	de faire qc
		être prêt à faire qc	

J'*ai peur de prendre* l'avion.	Ich habe Angst zu fliegen.
Ce n'était pas *facile/difficile d'organiser* cette réunion.	Es war nicht leicht/schwer, diese Zusammenkunft zu organisieren.

Aber: *Cette réunion* est facile/difficile *à* organiser.

Infinitivkonstruktionen

223 Nach bestimmten Verben ist anstelle eines Konjunktionalsatzes ein Infinitivsatz möglich. Das sinngemäße Subjekt des *infinitif* muß aber

— identisch sein mit dem des Hauptverbs:

Je ne *crois* pas *avoir vu* ce film.	*Ich* glaube nicht, daß *ich* diesen Film gesehen habe.

— schon in anderer Form im Hauptsatz aufgetreten sein:

Jean *nous* a écrit de *venir* le *chercher* à la gare.	Jean schrieb *uns*, daß *wir* ihn am Bahnhof abholen sollen. (↗ 532)

224 Unter den (in 223) genannten Voraussetzungen **muß** die Infinitivkonstruktion (statt eines Konjunktionalsatzes) stehen, sofern für die jeweilige Konjunktion eine entsprechende Präposition existiert (↗ auch 512, 517). Also stets:

pour afin de sans avant de	*faire qc*	statt	pour que afin que sans que avant que	*je fasse* ...

(Keine entsprechende Präposition gibt es z. B. bei *parce que, bien que.*)

Bernard nous a quittés *sans avoir dit* au revoir. (gleiches Subjekt: *il*)	Bernard ist weggegangen, ohne auf Wiedersehen gesagt zu haben.

Aber: *Il* nous a quittés *sans que je* lui *aie parlé*. (verschiedene Subjekte: *il*, *je*)

gérondif- und Partizipialkonstruktionen

gérondif-Konstruktionen

225 Das *gérondif* wird gebildet aus *en* + *participe présent* (↗ 95, 122).
Es ist unveränderlich.
gérondif-Konstruktionen werden sowohl in der Umgangssprache als auch in der Schriftsprache verwendet.
Das (sinngemäße) Subjekt zum *gérondif* ist in der Regel identisch mit dem Subjekt des Haupt- oder Nebensatzes. (Aber: L'appétit vient *en mangeant*. = *L'appétit* vient quand *on* mange.)

Das *gérondif* drückt aus:

226	• **Gleichzeitigkeit** mit der durch das Hauptverb bezeichneten Handlung (verstärkt durch *tout*)	*En rangeant* sa chambre, Sylvie a trouvé ta lettre. Beim Aufräumen .../Als sie ... aufräumte ... (Quand elle a rangé sa chambre, Sylvie a trouvé ...)
		Sylvie range sa chambre *(tout) en écoutant* des disques. ... und hört dabei Schallplatten. (Pendant que Sylvie range sa chambre, elle écoute ...)
227	• **Art und Weise, Mittel**	On ouvre ce parapluie *en appuyant* ici. ... indem man hier drückt.
		En voyageant on apprend beaucoup de choses. Durch Reisen / Dadurch, daß man reist, ...
228	• **Bedingung** (↗ auch 520, 521)	*En faisant* le voyage de nuit je gagnerai / gagnerais du temps. Wenn ich ... reise/reisen würde ... (Si je fais / faisais le voyage de nuit, je gagnerai / gagnerais du temps.)

229 **!** Objektpronomen stehen zwischen *en* und dem *participe présent*:

J'ai laissé tomber le verre *en le prenant* dans l'armoire.

Ich ließ das Glas fallen, als ich es aus dem Schrank nahm.

Partizipialkonstruktionen

230 Konstruktionen mit dem *participe présent* und dem *participe passé* können für einen Nebensatz stehen. Sie werden fast nur in der Schriftsprache verwendet.
Das *participe* kann ein eigenes Subjekt haben.
Partizipialkonstruktionen stehen für folgende in der Umgangssprache gebrauchte Nebensätze:

231 • für einen **Relativsatz** (↗ 526):

Le petit prince, *ayant* longtemps *marché* . . ., découvrit enfin une route. (SAINT-EXUPÉRY)	Der kleine Prinz, der lange . . . gewandert war, entdeckte endlich eine Straße.

(Umgangssprache: . . ., *qui* avait longtemps marché, . . .)

Le centre Georges Pompidou, *appelé* en général Beaubourg, est une des plus belles réalisations des années 70.	Das Centre Georges Pompidou, das im allgemeinen Beaubourg genannt wird, ist eine der schönsten Errungenschaften der 70er Jahre.

(Umgangssprache: . . ., *qu*'on appelle . . .)

! Mit Komma, wenn die Partizipialkonstruktion nur erläuternd ist; ↗ auch 529.

232 • für einen **Adverbialsatz** (des Grundes, der Zeit, der Einräumung, ↗ 509, 513, 518):

Le roi n'*ayant* rien répondu, le petit prince hésita d'abord . . . (SAINT-EXUPÉRY)	*Da* der König nichts erwiderte, zögerte der kleine Prinz zuerst . . .

(Umgangssprache: *Comme* le roi n'avait rien répondu . . .)

La nuit *venue*, nous rentrâmes.	*Als* die Nacht hereinbrach, gingen wir heim.

(Umgangssprache: *Quand* la nuit est venue, . . .)

Connaissant le problème, M. Duval ne fait rien pour trouver une solution.	*Obwohl* er das Problem kennt, unternimmt M. Duval nichts, um eine Lösung zu finden.

(Umgangssprache: *Bien qu*'il connaisse le problème . . .)

233 • für zwei durch «und» miteinander verbundene Hauptsätze:

Et le petit prince s'en fut, *songeant* à sa fleur. (SAINT-EXUPÉRY)	Und der kleine Prinz machte sich auf *und* dachte dabei an seine Blume.

!

234 • Das *participe présent* ist verbal gebraucht **unveränderlich**. Es fordert stets eine Ergänzung.
Als (prädikativ oder attributiv gebrauchtes) Adjektiv richtet sich das *participe présent* in Genus und Numerus nach seinem Beziehungswort:

une histoire *intéressant* tout le monde	une histoire *intéressante* cette histoire *est* très *intéressante*
verbal	adjektivisch

235 • Das *participe passé* richtet sich in Genus und Numerus **stets** nach seinem Beziehungswort:

voilà une maison *construite* il y a dix ans (↗ 231)	voilà des maisons *reconstruites*
verbal	adjektivisch

Sprachliche Mittel zum Ausdruck einiger Redeabsichten

236 An einen Kommunikationspartner gerichtete Aufforderungen können mit unterschiedlichem Nachdruck ausgedrückt werden. Sie können einen Befehl, eine Forderung, eine Anweisung, ein Verbot, aber auch einen Wunsch, eine Bitte oder einen Vorschlag bezeichnen.

Aufforderung — Befehl

Ausdrucksmittel für eine Aufforderung, einen Befehl sind u. a.:

237 • der **impératif** (↗ 182, 183)

Fais ce que je te dis.	Mach, was ich dir sage!
Venez ici.	Kommt/Kommen Sie mal her!

238 • der **subjonctif** (↗ 168)
(für eine an eine dritte Person gerichtete Aufforderung)

Dis-lui *qu*'il *vienne* demain.	Sag ihm, daß er morgen kommen *soll*!
Qu'ils *reviennent* tout de suite.	Sie *sollen* sofort zurückkommen!

239 • das **futur** (↗ 158)

Demain, tu *rentreras* plus tôt.	Morgen kommst du früher nach Hause!

240 • **aller + infinitif** (↗ 161)

Vous *allez ranger* votre chambre.	Ihr räumt euer Zimmer auf!

241 *conditionnel* von

• **devoir/pouvoir + infinitif** (↗ 203, 210)
(Ratschlag, gemilderte Aufforderung)

Tu n'es pas encore allé(e) chez le docteur. Tu *devrais* y *aller* bientôt.	Du bist noch nicht beim Arzt gewesen. Du *solltest* bald hingehen!
J'ai beaucoup de travail, vous *pourriez* m'*aider*.	Ich habe sehr viel Arbeit, ihr könntet/Sie könnten mir helfen.

242 • das **présent**

Tu restes!	Du bleibst!
Vous *allez* jusqu'au carrefour, et là-bas vous *prenez* l'autobus.	Sie gehen bis zur Kreuzung und fahren von dort mit dem Bus.

243 • der **infinitif**

Ne pas *descendre* avant l'arrêt du train.	Nicht aussteigen, bevor der Zug hält!
voir page 100	siehe Seite 100

244 • Äußerungen ohne Verb

Silence!	Ruhe!
Plus bas!	Leiser!

Wunsch

245 Ausdrucksmittel für einen Wunsch sind u. a.:

• die Entscheidungsfrage (↗ 50):

On ne va pas à Dresde?	Fahren wir denn ″nicht nach Dresden?

246 *conditionnel* von

• **aimer/vouloir + infinitif** (↗ 201, 202)

J'*aimerais* bien *aller* à la mer.	Ich möchte gern an die See fahren.
Je *voudrais* y *rester* une semaine.	Ich möchte eine Woche dortbleiben.

247 • das **conditionnel** (↗ 165), zusammen mit *bien*, *volontiers* o. ä.

J'y *passerais* bien mes vacances.	Ich würde gern meine Ferien dort verbringen.

und – in der Frageform – als höflich abgeschwächten Wunsch:

Vous (n') *auriez* (pas) une chambre moins chère?	Hätten Sie (nicht) vielleicht ein billigeres Zimmer?

248 • **si + imparfait** (↗ 523)
(unerfüllter Wunsch, Bedauern)

Si seulement il *faisait* beau!	Wenn doch wenigstens schönes Wetter wäre!

249 • **si + plus-que-parfait** (↗ 523)
(unerfüllter Wunsch, Bedauern)

Si Christian m'en *avait parlé*!	Wenn Christian doch mit mir darüber gesprochen hätte!

250 • Hauptsätze mit **subjonctif** (↗ 168)

Puisse cette grammaire vous aider dans votre travail.	Möge diese Grammatik Ihnen bei Ihrer Arbeit helfen.

(Zum *subjonctif* in *que*-Nebensätzen ↗ 170)

Vorschlag

Ausdrucksmittel für einen Vorschlag (auch für höfliches Anerbieten) sind u. a.:

251 • die Entscheidungsfrage (↗ 52)

Je t'attends, René? – Oui, attends-moi.	*Soll* ich auf dich warten? – Ja, warte auf mich!

252 • **si + imparfait** in der Entscheidungsfrage

Si on *allait* au cinéma ce soir?	*Wollen* wir/*Könnten* wir heute abend nicht ins Kino gehen?

253 • das **conditionnel** von *pouvoir*

On *pourrait* aller voir un film de Tati.	Wir könnten uns einen Film von Tati ansehen.

Vermutung — Wahrscheinlichkeit

Ausdrucksmittel für eine Vermutung, eine Wahrscheinlichkeit sind u. a.:

254 • die Formen des **futur** (↗ 160, 164)

Quel âge a M. Dupaquet? – Il *aura* quarante ans.	Wie alt ist Monsieur Dupaquet? – Er wird vierzig sein.
Nos amis ne nous ont pas téléphoné. Ils *seront* déjà *partis*.	Unsere Freunde haben uns nicht angerufen. Sie werden schon weg sein.

255 • die Formen des **conditionnel**

La police est intervenue dans la manifestation; il y *aurait* beaucoup de victimes.	Die Polizei hat in die Demonstration eingegriffen; es *soll* viele Opfer geben.
Marie Harel, une paysanne, *aurait inventé* le camembert en 1791.	Marie Harel, eine Bäuerin, *soll* 1791 den Camembert erfunden haben.
On *aurait fait baisser* les prix.	Die Preise *sollen* gesenkt worden sein.

256 • **devoir + infinitif**

Nous n'avons pas encore de nouvelles de Colette. Elle *doit téléphoner* ce soir.	Wir haben noch keine Nachricht von Colette. Sie wird (wohl) heute abend anrufen.
M. Durand *a dû se tromper*. Ce n'est pas mardi que nous avons rendez-vous avec lui.	M. Durand *muß* sich getäuscht haben. Wir sind mit ihm nicht für Dienstag verabredet.

Das Substantiv und seine Begleiter

Substantiv

257 Das Substantiv steht in der Regel nicht allein; es wird mit einem Artikel (↗ 279) oder einem anderen vorangestellten Begleiter – Pronominaladjektiv (↗ 309 ff.), Zahlwort (↗ 328 ff.) oder Mengenbegleiter wie z. B. *beaucoup de* – verbunden:
le jardin, *mon* fils, *des* dessins, *cette* fille, *deux* arbres, *beaucoup d'*argent.
Ausnahmen sind

— Eigennamen: *Roger* est là.
— Substantiv als Prädikativum bei Berufsbezeichnungen: M. Masson est *routier*.
— mit *ni* ... *ni* («weder ... noch») aneinandergereihte Substantive: Je n'ai ni *frères* ni *sœurs*.
— Substantive in festen Wendungen wie: *avoir faim*, *faire grève*.

Genus

258 Das Französische unterscheidet zwischen maskulinen und femininen Substantiven.
Das Genus von Lebewesen bezeichnenden Substantiven entspricht in der Regel dem natürlichen Geschlecht: *le* frère, *la* sœur, *le* chien, *la* chienne.
Ausnahme: z. B. *la* connaissance der/die Bekannte.

259 Bei einigen Bezeichnungen von Lebewesen ist das Genus nur am Begleiter bzw. an einem beigefügten Adjektiv erkennbar:
le camarade – *la* camarade, *un* élève – *une* élève, les athlètes *français* – les athlètes *françaises*.

260 Einige Bezeichnungen von Lebewesen – vor allem Berufsbezeichnungen und Titel – existieren nur als Maskulinum, das auch auf Frauen bezogen verwendet wird; der Bezug zu einem weiblichen Wesen kann aber auch durch beigefügtes *femme* ausgedrückt werden: *femme écrivain*, (*écrivain femme*)

Tania était *mon* guide à Moscou.	Tanja war meine Fremdenführerin in Moskau.
Les *femmes écrivains* sont aujourd'hui très nombreuses.	Es gibt heutzutage sehr viele *Schriftstellerinnen*.

Ebenso: un médecin, un chef, un architecte, un ingénieur, un auteur.

261 Im allgemeinen gibt es für Lebewesen bezeichnende Substantive ein Maskulinum und ein Femininum.

> Schreibzeichen für das Femininum ist in der Regel **-e.**

262 Daneben gibt es noch einige andere Kennzeichen für die feminine Form. Im einzelnen ergibt sich für die Schreibform und für die Lautform der französischen Sprache:

	Schreibform		Lautform
1/ Endung **-e**	ami →	ami**e**	——
	employé →	employé**e**	——
	voisin →	voisin**e**	[*ɛ̃*], [*in*]
	Français →	Françai**se**	[*ɛ*], [*ɛz*]
	ouvrier →	ouvri**ère**	[*e*], [*ɛʀ*]
2/ Verdoppelung des Endkonsonanten	intellectuel →	intellectue**lle**	——
	technicien →	technicie**nne**	[*ɛ̃*], [*ɛn*]
3/ Veränderung des Suffixes:			
-eur → -euse	vendeur →	vend**euse**	[*œʀ*, [*øz*]
-teur → -trice	acteur →	ac**trice**	[*tœʀ*], [*tʀis*]
4/ Anfügen eines Suffixes:			
-e → -esse	hôte →	hôt**esse**	[*t*], [*tɛs*]
5/ verschiedene Wörter für Maskulinum und Femininum	le garçon →	la fille	
	le père →	la mère	
	le taureau →	la vache	

263 Der **Bedeutung** nach sind

Maskulinum

- Bezeichnungen der Bäume: *le* sapin, *le* pommier, *le* cerisier;
- Bezeichnungen für Metalle: *le* fer, *le* bronze;

Femininum

- Bezeichnungen der Früchte: *la* pomme, *la* cerise;
- im allgemeinen Fluß-, Länder- und Provinzbezeichnungen auf -e:

- substantivierte andere Wortarten: *le* beau, *le* oui, *le* manger, *le* huit.

la Seine, *la* France, *la* Provence; aber: *le* Rhône, *le* Danube, *le* Mexique.

264 Der **Form** nach, d. h. entsprechend dem Suffix, verweisen in der Regel auf

Maskulinum		Femininum	
-age	*le* fromage aber: *la* page, *une* image	**-ance**	*une* ambiance
		-ence	*une* expérience aber: *le* silence
-aire	*un* annuaire	**-(a)tion**	*la* délégation, *la* condition
-at	*le* championnat		
-ège	*le* collège	**-ée**	*la* journée aber: *le* musée
-ème	*le* problème		
-ment	*le* mouvement	**-erie**	*la* boucherie
-issement	*un* arrondissement	**-esse**	*la* jeunesse
-eau	*le* cadeau	**-eur**	*la* couleur *(Eigenschaften)* aber: *le* bonheur, *le* malheur
-et	*le* carnet		
-eur	*le* tracteur *(Geräte)*		
-ail	*le* travail		
-oir	*le* couloir	**-ie**	*une* industrie
-on	*le* ballon	**-tie**	*la* garantie, *la* démocratie [-si]
-isme	*le* tourisme		
		-tié	*une* amitié
		-ure	*la* voiture

265 Einige Substantive können in Abhängigkeit von ihrer Bedeutung entweder Maskulinum oder Femininum sein:

le livre *(ce qu'on lit)* — *la* livre *($^1/_2$ kilo)*
le critique *(celui qui critique)* — *la* critique *(action de critiquer)*
le tour *(une tournée, une promenade)* — *la* tour *(un haut bâtiment)*

266 Bei zusammengesetzten Substantiven richtet sich das Genus nach dem Grundwort: *le chou*-fleur, *le timbre*-poste.

Pluralbildung

267 In der Lautform sind Singular und Plural in der Regel gleich, beide Formen sind nur durch ihre Begleiter (– Artikel bzw. Pronominaladjektiv –) zu unterscheiden:

(la) maison [*lamεzõ*] – (les) maisons [*lemεzõ*]
(le) manteau [*ləmãto*] – (les) manteaux [*lemãto*]

268 In der Schreibform unterscheiden sich Singular und Plural. Pluralzeichen ist in der

Schreibform	Lautform
• bei den meisten Substantiven **-s**:	
(les) jardin**s**, (les) frère**s**, (les) amie**s**	[*le, lez*] ——
! un œuf ⟶ des œuf**s** un bœuf ⟶ des bœuf**s** un œil ⟶ des yeux	[*œ̃nœf*] ⟶ [*dezø*] [*œ̃bœf*] ⟶ [*debø*] (Verstummen des Endkonsonanten)
269 • die Endung **-x**	
— bei den Substantiven auf **-au, -eau, -eu, -œu**: (les) tuyau**x**, (les) cadeau**x**; (les) jeu**x**, (les) vœu**x** aber: les pneu**s**	[*le*] ——
— bei folgenden Substantiven auf **-ou**: (les) bijou**x**, (les) caillou**x**, (les) chou**x**, (les) genou**x**, (les) hibou**x**, (les) joujou**x**, (les) pou**x**	[*le*] ——
270 • die Endung **-aux**	
bei Substantiven auf **-al**: (le) journal ⟶ (les) journ**aux** ! (le) travail ⟶ (les) trav**aux**	veränderte Endung [*al*] ⟶ [*o*] [*aj*] ⟶ [*o*]
aber: (le) festival ⟶ (les) festival**s** (le) bal ⟶ (les) bal**s**	[*le*] ——

271 Substantive auf **-s**, **-z**, **-x** im Singular haben keine besondere Pluralform. Der Plural wird also auch in der Schreibform nur durch einen Begleiter angezeigt:

le fils [*ləfis*] ⟶ *les* fils [*lefis*]
le nez [*ləne*] ⟶ *les* nez [*lene*]
le prix [*ləpʀi*] ⟶ *les* prix [*lepʀi*]

272 Substantive, die überwiegend in der Pluralform auftreten:

les vacances	die Ferien	les environs	die Umgebung
les mathématiques	die Mathematik	les lunettes	die Brille
les gens	die Leute	jouer aux échecs	Schach spielen

273 Familiennamen und Markenzeichen haben in der Regel kein Plural-s:

Les Masson habitent à Paris.	Massons wohnen in Paris.
On voit des Citroën [*sitʀɔɛn*] dans nos rues.	Man sieht Citroëns auf unseren Straßen.

Für **zusammengesetzte Substantive** (↗ 559) gilt:

274 In der Regel erhalten nur Substantive und Adjektive ein Pluralzeichen.

le chou-fleur ⟶ les chou**x**-fleur**s**
la grand-mère ⟶ ! les grand**s**-mère**s**
! une demi-heure ⟶ des demi-heure**s**

275 Andere Wortarten bleiben im Plural unverändert:

un laissez-passer ⟶ des laissez-passer
un haut-parleur ⟶ des haut-parleur**s** (*haut* ist hier Adverb!)
une arrière-pensée ⟶ des arrière-pensée**s**
! un après-midi ⟶ des après-midi

276 Substantiv (+ Präposition) + Substantiv:
Nur das Grundwort erhält ein Pluralzeichen.

la pomme de terre ⟶ les pomme**s** de terre
la voiture-restaurant ⟶ les voiture**s**-restaurant

277 Verb + Substantiv:
Der Sinn entscheidet über ein Pluralzeichen beim Substantiv (1) bzw. über die Unveränderlichkeit des Wortes (2).

1/ un tire-bouchon ⟶ des tire-bouchon**s**
2/ un chasse-neige ⟶ des chasse-neige (qui chassent la neige)

278 ! mon/sieur ⟶ messieurs
ma/dame ⟶ mesdames
ma/demoiselle ⟶ mesdemoiselles
un bonhomme de neige ⟶ des bon**s**homme**s** de neige [*debõzɔm*]

Artikel

279 Im Französischen unterscheidet man drei Formen des Artikels:

- bestimmter Artikel
- unbestimmter Artikel
- Teilungsartikel

In der Lautform sind die Pluralformen des Artikels oftmals einziges Kennzeichen für den Plural des Substantivs (↗ auch 267):
[*ləfʀɛʀ*] le frère und [*lefʀɛʀ*] les frères
[*lamɛzõ*] la maison und [*lemɛzõ*] les maisons.

Bestimmter Artikel

280

Singular						Plural	
			vor Vokal/vokal. h				
m	**le**	jardin		arbre,	hôtel		jardins, arbres, hôtels
	[*lə*]		**l'**			**les**	
f	**la**	maison		armoire, heure		[*le(z)*]	maisons, armoires, heures

! Le musée, c'est loin ...

	de la	gare?
	de l'	école?
(de + le >)	**du**	centre?
(de + les >)	**des**	quais?

Allez jusqu' ...

	à la	piscine.
	à l'	hôtel de ville.
(à + le >)	**au**	carrefour.
(à + les >)	**aux**	feux.

(Nicht zu verwechseln mit den Formen des unbestimmten Artikels – *des* – und des Teilungsartikels – *du*, *de la*, *de l'* –; ↗ 293, 301.)

Es stehen

281 • Wochentage

— **ohne** Artikel, wenn man einen bestimmten Tag meint:

Je suis allé(e) au cinéma *lundi*. — Ich bin Montag im Kino gewesen.

— **mit** Artikel, wenn man eine regelmäßige Wiederkehr ausdrücken will (1), oder wenn man den Wochentag näher bestimmt (2):

1/ *Le mercredi*, je rentre à trois heures. — Mittwochs komme ich um drei Uhr nach Hause.

Le musée est fermé *les* lundi et mardi. — Das Museum ist montags und dienstags geschlossen.

(Bei Aufzählungen steht der Artikel nur einmal, und zwar in der Pluralform!)

2/ Nous rentrerons *le dimanche après Noël.*	Wir kommen am Sonntag nach Weihnachten zurück.
[!] Viens chez moi *la* semaine prochaine.	Komm nächste Woche zu mir!

282 Ebenso zum Ausdruck einer regelmäßigen Wiederkehr:

Qu'est-ce que tu fais *le* matin/*l'*après-midi/*le* soir?	Was machst du morgens/nachmittags/abends?
Aber: Le film commence à 8 heures *du* soir.	Der Film fängt um 8 Uhr abends an.

283 • Ortsangaben mit Namen von Straßen und Plätzen **ohne** Artikel:

Nathalie habite *rue* Jules Verne.	Nathalie wohnt in der Jules-Verne-Straße.
Nous nous retrouverons *place* de la République. (↗ auch 470)	Wir treffen uns am Platz der Republik.

284 • Appositionen

– **ohne** Artikel, wenn sie für den Gesprächspartner eine neue Information bringen:

Le centre Beaubourg, *centre* national d'art et de culture, a été ouvert en 1977.	Beaubourg, das nationale Zentrum für Kunst und Kultur, ist 1977 eröffnet worden.

– **mit** Artikel, wenn sie eine dem Gesprächspartner bekannte Information enthalten:

J'ai rencontré Jean, *le* serveur du café de la gare.	Ich habe Jean, den Kellner des Bahnhofscafés, getroffen.

285 • Stoffbezeichnungen und abstrakte Begriffe (anders als im Deutschen!) **mit** Artikel:

Le vin est une boisson merveilleuse.	*Wein* ist ein wunderbares Getränk.
Les pommes sont riches en vitamines.	*Äpfel* sind vitaminreich.
L'union fait la force.	*Einigkeit* macht stark.

286 • körperliche Merkmale und geistige Eigenschaften **mit** Artikel:

Nathalie a *les yeux* noirs.	Nathalie hat schwarze Augen.
Marcel a *l'oreille* dure.	Marcel ist schwerhörig.
Bernard a *la conscience* tranquille.	Bernard hat ein ruhiges Gewissen.
Ebenso:	
Pierre dort *les yeux* ouverts.	Pierre schläft mit offenen Augen.

287 • bei geographischen Bezeichnungen

mit Artikel

— die Namen größerer europäischer Inseln: *la Sicile*, *la Corse*.

— Länder- und Provinznamen: *la France*, *le Portugal*, *la Normandie*.

288 ! In Verbindung mit den Präpositionen *à*, *en*, *dans*, *de*, wenn sie lokale Beziehungen ausdrücken, antwortet man

1/ auf die Frage *où*? wo?, wohin?

— mit **en ohne** Artikel

bei femininen Länder-, Provinz- und Inselnamen sowie bei entsprechenden maskulinen Bezeichnungen, die mit Vokal beginnen:

J'irai/Je suis allé(e) *en* France, *en* Normandie, *en* Sicile, *en* Iran;

— mit **à und** bestimmtem Artikel bei maskulinen Ländernamen, die mit Konsonant beginnen:

J'irai/Je suis allé(e) *au* Portugal, *au* Mexique. Aber stets: *à* Cuba.

— mit **dans und** bestimmtem Artikel bei näher bezeichneten maskulinen und femininen Länder- oder Städtenamen:

dans la France *des années quatre-vingt*, *dans le* Portugal *d'aujourd'hui*, *dans le* Paris *du XXe siècle*.

289 2/ auf die Frage *d'où*? woher?

— mit **du** bei maskulinen Ländernamen:

La délégation est rentrée *du* Mexique.	Die Delegation ist aus Mexiko zurückgekehrt.

— nur mit **de** bei femininen oder mit Vokal beginnenden maskulinen Ländernamen:

La délégation est rentrée *de* France/ d'Angola.	Die Delegation ist aus Frankreich/ Angola zurückgekehrt.

Ebenso: les vins *de* France (adjektivischer Gebrauch [was für...?]: französische Weine).

290 Entspricht die präpositionale Fügung mit *de* einem deutschen Genitivattribut, (wessen...?), steht *de* mit bestimmtem Artikel:

les frontières *de la* France	die Grenzen Frankreichs.

291 • feststehende Wendungen **mit** Artikel:

écouter *la* radio Radio hören

regarder *la* télévision fernsehen

avoir *le* temps *de* faire qc Zeit haben, etwas zu tun

! avoir *du* temps *pour* qn/qc

avoir *le* téléphone Telefon haben

être *le (la)* bienvenu(e) herzlich willkommen sein

aimer *le* football Fußballfan sein

292 Der bestimmte Artikel hat demonstrativen Charakter in
salut *les* copains! grüß euch, (ihr) Freunde!
Venez, *les* enfants. Kommt, Kinder!

Unbestimmter Artikel

293

	Singular		Plural	
m	**un**	jardin [*œ̃ʒaʀdɛ̃*] arbre [*œ̃naʀbʀ*]	**des**	jardins [*deʒaʀdɛ̃*] arbres [*dezaʀbʀ*]
f	**une**	maison [*ynmɛzõ*]		maisons [*demɛzõ*]

Zur Bezeichnung einer unbestimmten Anzahl von Gegenständen oder Personen gibt es im Französischen auch eine Pluralform des unbestimmten Artikels: **des** für Maskulinum und Femininum.

Ça, ce sont *des* jolies vestes.	Das hier, das sind hübsche Jacken.
Jean parle à *des* ouvriers. (Sing.: . . . à *un* ouvrier)	Jean spricht zu Arbeitern.

des ist in Laut- und Schreibform identisch mit der aus *de* + *les* entstandenen Form des bestimmten Artikels (↗ 280).

294 Wird das indirekte Objekt mit *de* angeschlossen, entfällt *des*. Unterscheide also:

Il parle *de* problèmes divers. (Sing.: . . . d'*un* problème)	Er spricht über verschiedene Probleme.
Il parle *des* problèmes qu'il y a eu par la grève dans les transports. (Sing.: . . . *du* problème)	Er spricht über *die* Probleme, die durch den Streik im Transportwesen auftraten.

295 In gehobener Sprache steht bei vorangehendem Adjektiv statt *des* nur *de*:
Ce sont *de jolies* vestes.

296 Nach **Mengenangaben** steht nur *de* (↗ 306):

Claude a *beaucoup d'*amis.	Claude hat viele Freunde.
Tu as mangé *trop de* bonbons.	Du hast zuviel Bonbons gegessen.
Sylvie a acheté *un kilo de* pommes.	Sylvie hat ein Kilo Äpfel gekauft.

297 *plusieurs* und *quelques* (↗ 315) stehen wie *des* direkt vor dem Substantiv:

J'ai	*des* *plusieurs* *quelques*	amis.

! un autre voyage – **d'**autres voyages . . . andere Reisen
la plupart *des* voyages die meisten Reisen

298 Statt des unbestimmten Artikels bei positiver Aussage steht in der Verneinung *ne . . . pas de, ne . . . plus de* (↗ 30):

Tu as	une	lettre pour moi?	– Non, je n'ai	pas de	lettre pour toi.
	des	chocolats?		plus de	chocolats.

299 Nach *ce n'est pas . . ., ce ne sont pas . . .* und allgemein nach verneintem *être* stehen aber die Formen des unbestimmten Artikels:

C'est un musée? – Non, *ce n'est pas un* musée, c'est l'hôtel de ville. — Ist das ein Museum? – Nein, das ist kein Museum, das ist das Rathaus.
Ce sont des manteaux? – Non, *ce ne sont pas des* manteaux. — Sind das Mäntel? – Nein, das sind keine Mäntel.
Claude *n'est pas un* bon ami. — Claude ist kein guter Freund.

300 **!** Tu as des disques français? – Non, je *n'*ai *pas* **un** disque français. — Hast du französische Schallplatten? – Nein, ich habe *nicht ″eine* französische Platte.
. . . pas un seul disque. — . . . keine einzige Platte.
(*un* ist Zahlwort!)

Teilungsartikel

Sur la table, il y a . . .
du pain,
de la viande,
de l' eau minérale.

301 Der Teilungsartikel ist in Laut- und Schreibform identisch mit *de* + bestimmtem Artikel (↗ 280), hat jedoch eine andere Funktion:
le prix *du pain* der Brotpreis – je mange *du pain* ich esse *Brot.*

302 • Der Teilungsartikel begleitet Substantive, um eine unbestimmte **Teilmenge** von etwas Nichtzählbarem zu bezeichnen. Unterscheide also:

Les Français aiment *le* vin. — Die Franzosen trinken gern *Wein.*
(*le* vin = das Getränk allgemein, ↗ 285)
Pour le dîner ils prennent *du* vin. — Zum Abendessen trinken sie Wein.
(*du* vin = eine unbestimmte Menge, etwas Wein)

303 ! Eine unbestimmte **Anzahl** von etwas Zählbarem dagegen wird mit dem Plural des unbestimmten Artikels wiedergegeben: Sur la table, il y a *des* bouteilles (↗ 293).

304 • Der Teilungsartikel kann auch Substantive begleiten, die abstrakte Begriffe bezeichnen:

chercher *du travail*	Arbeit suchen
avoir *de la chance/du courage*	Glück/Mut haben
Ebenso: C'est *du Mozart*?	Ist das Mozart *(was gespielt wird)*?

305 Er steht ferner in verschiedenen Wendungen mit *faire*:

faire *du* sport	Sport treiben
faire *de l'*athlétisme	Leichtathletik treiben
faire *du* camping	zelten
faire *de la* géographie	Geographie studieren
il fait *du* soleil	die Sonne scheint

306 • Nach **Mengenangaben** steht nur **de**:

Sur la table, il y a . . .

beaucoup/peu	*de*	viande	viel/wenig Fleisch
assez/trop	*de*	pain	genügend/zuviel Brot
une bouteille	*d'*	eau minérale	eine Flasche Mineralwasser
un morceau	*de*	fromage	ein Stück Käse
un kilo	*de*	fruits	ein Kilo Obst
une tasse	*de*	café	eine Tasse Kaffee

! une tasse *à* café (↗ 561)

307 • Bei der **Verneinung**,

— bezogen auf die **Menge** (Quantität), steht nur **de**:

Tu prends aussi du lait? – Non, je *ne* prends *pas de* lait!	Trinkst du auch Milch? – Nein, ich trinke keine Milch.
Nous *n'*avons *plus de* courage.	Wir haben keinen Mut mehr.

(↗ auch 30, 304)

308 — bezogen auf die **Art** (Qualität) (sowie nach *ce n'est pas*), steht der Teilungsartikel:

J'achète de la viande? – Non, n'achète *pas de la* viande, achète *du* fromage.	Soll ich Fleisch kaufen? – Nein, kauf kein Fleisch, kauf Käse.
Ça, *ce n'est pas du* vin.	Das ist aber kein "Wein!

(↗ auch 299)

Demonstrativadjektiv

309

	Singular			Plural		
mask.	**ce**	jardin	[*səʒaRdɛ̃*]	**ces**	jardins	[*seʒaRdɛ̃*]
mask. vor Vokal	**cet**	arbre	[*sɛtaRbR*]		arbres	[*sezaRbR*]
oder vokal. h	**cet**	hôtel	[*sɛtotɛl*]		hôtels	[*sezotɛl*]
femin.	**cette**	maison	[*sɛtmɛzõ*]		maisons	[*semɛzõ*]

Aber: *ce* grand arbre [*səgRãtaRbR*].

Demonstrativadjektive richten sich in Genus und Numerus nach dem Substantiv, das sie begleiten.

310 Das Demonstrativadjektiv weist auf etwas Bestimmtes hin,

— das man zeigen kann:

Regarde *ce* livre, il est beau, non? — Sieh mal ″das Buch, schön, nicht?

— das schon erwähnt wurde:

J'ai lu « Le petit Prince ». *Ce* livre m'a plu. — Ich habe den «Kleinen Prinzen» gelesen. ″Das Buch hat mir gefallen.

! Qu'est-ce que tu fais *ce* matin/*cet* après-midi/*ce* soir? (↗ 282) — Was machst du *heute* morgen/heute nachmittag/heute abend?

311 Die hinweisende Funktion kann durch *-ci* bzw. *-là* unterstrichen werden:

en ce temps-*là* — zu jener Zeit; damals

Possessivadjektiv

312

	Singular (ein Zugehöriges) maskulin	feminin	Plural (mehr Zugehöriges)
moi et...	**mon** frère/ami	**ma** sœur, **mon** amie	**mes** frères/sœurs
(eine	**ton** frère/ami	**ta** sœur, **ton** amie	**tes** frères/sœurs
Person)	**son** frère/ami	**sa** sœur, **son** amie	**ses** frères/sœurs
nous et...	**notre** frère/sœur		**nos** frères/sœurs
(mehrere	**votre** frère/sœur		**vos** frères/sœurs
Personen)	**leur** frère/sœur		**leurs** frères/sœurs

! Das Possessivadjektiv hat – anders als im Deutschen – für beide Geschlechter der 3. Person die gleichen Formen:

Bernard et *son* père/*sa* mère	Bernard und *sein* Vater/*seine* Mutter
Sylvie et *son* père/*sa* mère	Sylvie und *ihr* Vater/*ihre* Mutter
Bernard et *ses* parents	Bernard und *seine* Eltern
Sylvie et *ses* parents	Sylvie und *ihre* Eltern

313 Die maskulinen Formen *mon, ton, son* stehen auch vor femininen Substantiven, wenn diese mit Vokal oder vokalischem h beginnen:
mon amie Sylvie (aber: *ma* chère amie Sylvie).

314 *leur* stets **ohne** *-s* bei **einer** zugehörigen Person oder Sache, **mit** *-s* bei **mehreren**:

Bernard, Sylvie et *leur* frère	Bernard, Sylvie und ihr Bruder
Bernard, Sylvie et leur*s* ami*s* [*lœRzami*] (Roger et Serge)	Bernard, Sylvie und ihre Freunde (Roger und Serge)

Indefinitadjektive

315 Anstelle des unbestimmten Artikels können auch einige Indefinitadjektive als Begleitwörter des Substantivs nach der Anzahl nicht genau bestimmte Personen, Sachen oder abstrakte Begriffe bezeichnen. Also

statt:	*des*	clubs de sport	
auch:	**quelques**		einige
	plusieurs		mehrere
	différents		verschiedene
	certains		manche

316 Anstelle des verneinten unbestimmten Artikels

	pas de	club	
auch:	**aucun**		kein
	pas un (seul)		nicht ein (einziger)/kein einziger

317 ! **divers, diverses** drückt aus,

— nachgestellt, eine unterschiedliche Art:

des cultures *diverses*	verschiedene *(unterschiedliche)* Kulturen

— vorangestellt, eine unbestimmte Menge:

répondre à *diverses* questions	verschiedene *(mehrere)* Fragen beantworten

318 Andere Indefinitadjektive stehen zusammen mit einem weiteren Begleiter (– Artikel, Demonstrativ- oder Possessivadjektiv –) vor dem Substantiv.

— Der Begleiter steht **vor** dem Indefinitadjektiv bei

autre	*un autre* livre (Plur.: *d'*autres livres)	ein anderes Buch
même	*le même* livre	dasselbe/das gleiche Buch

— Der Begleiter steht **nach** dem Indefinitadjektiv bei

tout, toute	*tout l'*appartement	die ganze Wohnung
	tout mon travail	meine ganze Arbeit
	toute cette région	dieses ganze Gebiet
tous, toutes	*tous les* enfants	alle Kinder
	tous mes amis	alle meine Freunde
	toutes ces lettres	alle diese Briefe

319 **Ohne** andere Begleiter stehen

tout, toute	*tout* homme	jeder Mensch *(ohne Ausnahme)*
	toute ville	jede (beliebige) Stadt
chaque	*chaque* jour	jeder (einzelne) Tag; an jedem Tag
(unveränd.)	*chaque* année	jedes Jahr; in jedem Jahr

Tout homme a le droit d'être heureux. — Jeder Mensch hat ein Recht darauf, glücklich zu sein.

320 Besonderheiten:

— *même* **nachgestellt** heißt «selbst»; es steht in der Regel hinter einem Personalpronomen, mit diesem durch einen Bindestrich verbunden (1), bzw. hinter einem Substantiv (2):

1/ Je l'ai fait *moi-même*. — Ich habe es selbst gemacht.
Nous sommes venu(e)s *nous-mêmes*. — Wir sind selbst gekommen.

2/ Jean habite un peu à l'extérieur du village, mais Pierre habite dans le village *même*. — Jean wohnt ein bißchen außerhalb des Dorfes, aber Pierre wohnt im Dorf selbst/direkt im Dorf.

321 — *même* **vorangestellt** ist Adverb in der Bedeutung «sogar, auch»:
Même nous, nous sommes venu(e)s! — Sogar wir sind gekommen!

322 **certain, certaine** nachgestellt oder prädikativ gebraucht ist Adjektiv und bedeutet «sicher, gewiß» (↗ auch 315):

C'est chose *certaine*. — Das ist sicher.
Ce qui *est certain*, c'est que la paix doit être armée. — Sicher ist, daß der Frieden bewaffnet sein muß.

323 **aucun, aucune** wird im Verbalsatz mit *ne* (1) oder mit *sans* (2) gebraucht:

1/ Jean-Pierre *n'*a pris *aucun* médicament.	Jean-Pierre hat kein (einziges) Medikament genommen.
2/ Jean-Pierre a guéri *sans aucun* médicament.	Jean-Pierre ist ohne jedes/irgendein Medikament gesund geworden.

324 *tout* vor Adjektiv (1) oder Adverb (2) gebraucht, ist Adverb und bedeutet «ganz und gar»; es ist in der Regel unveränderlich:

1/ la ville *tout* entière	die gesamte Stadt
2/ Sylvie entre *tout* doucement.	Sylvie kommt ganz leise herein.

Vor femininem mit Konsonant oder konsonantischem h beginnendem Adjektiv wird *tout* verändert:

Sylvie est *toute* contente du résultat.	Sylvie ist mit dem Ergebnis ganz und gar zufrieden.

Interrogativadjektiv

325

		maskulin		feminin	
Singular Plural	Tu parles de	**quel** **quels**	monument? livres?	**quelle** **quelles**	ville? fêtes?

Das Interrogativadjektiv richtet sich in Genus und Numerus nach dem Substantiv, das es begleitet.
Es kann auch prädikativ gebraucht werden:

Quel est l'indicatif pour Moscou?	Was für eine Vorwahlnummer hat Moskau?
Quelle est votre profession?	Was sind Sie von Beruf?

326 Mit *quel* . . . ? kann man Eigenschaften erfragen:

Quel âge avez-vous?	Wie *alt* sind Sie?
Quelle est votre taille?	Wie *groß* sind Sie?
Quelle est la hauteur de cette tour?	Wie *hoch* ist dieser Turm?

327 Das Interrogativadjektiv wird auch im Ausruf gebraucht:

Quelle surprise!	Was für eine Überraschung!
Quel beau livre!	Was für ein schönes Buch!

Zahlwort

328 Grundzahlwörter können auch zusammen mit anderen Begleitern des Substantivs stehen: *les/ces trois* amis.
Bei Ordnungszahlwörtern treten fast immer andere Begleiter mit auf: *le/un/mon/ce deuxième* voyage.

329 *Grundzahlwort*

0	zéro	40	quarante
1	un, une	44	quarante quatre
2	deux	50	cinquante
3	trois	55	cinquante cinq
4	quatre [*katR*]	60	soixante [*swasɑ̃t*]
5	cinq [*sɛ̃k*]	66	soixante-six
6	six [*sis*]	70	soixante-dix
7	sept [*sɛt*]	71	**soixante et onze**
8	huit [*ɥit*]	77	soixante-dix-sept
9	neuf [*nœf*]	80	quatre-vingts
10	dix [*dis*]	81	**quatre-vingt-un** [*-vɛ̃œ̃*]
11	onze	88	quatre-vingt-huit [*-vɛ̃ɥit*]
12	douze	90	quatre-vingt-dix
13	treize	91	**quatre-vingt-onze**
14	quatorze	99	quatre-vingt-dix-neuf
15	quinze	100	cent
16	seize	101	**cent un** [*sɑ̃œ̃*]
17	dix-sept [*disɛt*]	200	deux cent**s**
18	dix-huit [*dizɥit*]	201	**deux cent un**
19	dix-neuf [*diznœf*]	1.000	mille [*mil*]
20	vingt [*vɛ̃*]	1.001	mille un
21	**vingt et un**[e] [*vɛ̃teœ̃*]	1.100	mille cent
22	vingt-deux [*vɛ̃tdø*]	1.210	mille deux cent dix
23	vingt-trois [*vɛ̃ttRwa*]	2.000	deux **mille** (*ohne s!*)
30	trente	1.000.000	un million (de) [*miljɔ̃*]
31	trente et un	2.000.000	deux millions (de)
32	trente-deux	3.400.000	trois millions quatre cent mille
33	trente-trois	1.000.000.000	un milliard (de)

!

330 — Vor Substantiv, das mit Konsonant beginnt:

cinq livres [*sɛ̃livR*]
six livres [*silivR*]
huit livres [*ɥilivR*]
dix livres [*dilivR*]

— Vor vokalisch oder mit vokalischem h anlautendem Substantiv:
six arbres [*sizaʀbʀ*] dix hôtels [*dizotɛl*]

— *neuf* vor *heure* und *an*:
neuf heures [*nœvœʀ*]; neuf ans [*nœvɑ̃*];
sonst [*nœf*]: neuf enfants [*nœfɑ̃fɑ̃*]

— *vingt* in den Zahlen 21 bis 29 stets [*vɛ̃t*],
in den mit *quatre-vingts* gebildeten Zahlen nur [*vɛ̃*].

331 Vor *un*, *huit*, *onze* wird weder gebunden, noch verlieren *le* bzw. *de* den Vokal:
de un à dix [*dəœ̃adis*] les onze joueurs [*leõzʒwœʀ*]
de huit [*dəɥit*] à quinze

332 Grundzahlwörter sind unveränderlich, außer
— *un*, das eine feminine Form hat: trente et *une* minutes;
— *vingt*, das in *quatre-vingts* ein Plural-*s* hat;
— *cent*, das bei den Hundertern ein Plural-*s* erhält.
! deux *mille*, aber: par *milliers* zu Tausenden;
page *un* Seite eins (*un* ist kein Begleiter von *page*)

333 Das Schreibzeichen -*s* für den Plural fehlt,
— wenn auf *vingt* bzw. *cent* eine weitere Zahl folgt:
quatre-ving*t-deux* 82, deux cen*t trois* 203.

— wenn *vingt* bzw. *cent* nicht als Begleiter vor dem Substantiv stehen:
les années quatre-*vingt* die 80er Jahre
rue de Vaugirard, numéro deux *cent*.

— bei *cent* in Jahreszahlen:
en dix-neuf *cent*/mil neuf *cent* im Jahre 1900.

334 *zéro*, *million*, *milliard* sind Substantive. Im Plural erhalten sie das Schreibzeichen -*s*. Auf *million* und *milliard* unmittelbar folgende Substantive werden mit *de* angeschlossen:
un million *d'*habitants, aber: deux millions deux cent mille habitants.

335 Anders als im Deutschen werden die Grundzahlwörter verwendet, und zwar ohne Punkt,
— bei **Herrschernamen**: Louis XIV *(Quatorze)*, Henri IV *(Quatre)*; aber: Napoléon 1er *(Premier)*.
— beim **Datum**: le 15 *(quinze)* août [*ləkɛ̃z u*], le 2 *(deux)* octobre [*lədøɔktɔbʀ*]

aber: le 1er *(premier)* avril [*ləpRəmjeRavRil*].
! dans *quinze* jours — in 14 Tagen

336 Wochentagsbezeichnungen stehen in der Regel zwischen Artikel und der Datumsangabe:

On est/Nous sommes quel jour aujourd'hui?	Welchen Tag haben wir heute?
On est/Nous sommes le *jeudi* 12 (douze) mai.	Heute ist Donnerstag, der 12. Mai.

! Im Briefkopf: Berlin, le 28-10-1982 / le 28-X-1982.

Ordnungszahlwort

337

1er	**le premier**	11e	le, la onzième
1ère	**la première**	19e	le, la dix-neuvième
2nd(e)	**le second, la seconde**	20e	le, la vingtième
2e	le, la deuxième	21e	le, la vingt et unième
3e	le, la troisième	22e	le, la vingt-deuxième [*vε̃tdøzjεm*]
4e	le, la quatrième		
5e	le, la **cinquième**	80e	le, la quatre-vingtième
6e	le, la sixième	100e	le, la centième
7e	le, la septième	101e	le, la cent unième [*sɑ̃ynjεm*]
8e	le, la huitième	1.000e	le, la millième
9e	le, la **neuvième**	100.000e	le, la cent millième
10e	le, la dixième	1.000.000e	le, la millionième

338 Ordnungszahlwörter werden mit Ausnahme von *premier* und *second* aus den Grundzahlwörtern und der Endung **-ième** gebildet; Endungs-*e* in der Grundzahl entfällt in der Ordnungszahl:
quatre – le, la quatrième

339 Man gebraucht meist *deuxième* bei mehr als zwei Gliedern in einer Reihe und *second*, wenn der zweite gleichzeitig der letzte Platz ist:

Jean-Pierre était *le deuxième* sur six au cent mètres.	Jean-Pierre war der zweite von sechs im 100-m-Lauf.
un billet de *seconde* classe	eine Fahrkarte zweiter Klasse

340 !

tous les deux jours	jeden *zweiten* Tag
les deux premiers jours	die ersten zwei Tage
Un Français *sur cinq* habite dans la région parisienne.	*Jeder fünfte* Franzose lebt in dem Gebiet von Paris.

341 Ordnungszahlen werden auch verwendet für die Bildung der **Bruchzahlen**:
$^1/_5$ un cinquième, le cinquième, $^7/_9$ sept neuvièmes
2,5 deux virgule cinq

! $^1/_2$ un demi
$^1/_3$ un tiers [*tjɛʀ*]
$^1/_4$ un quart

un kilo *et* demi $1^1/_2$ kg	aber: un demi kilo $^1/_2$ Kilo
une heure *et* demi*e* $1^1/_2$ Std.; 1^{30}	une demi-heure $^1/_2$ Stunde
deux heures un quart $2^1/_4$ Std.	deux heures *et* quart 2^{15} Uhr

342 *un quart d'*heure eine Viertelstunde
aber stets:

trois mois	$^1/_4$ Jahr	quinze mois	$1^1/_4$ Jahr
six mois	$^1/_2$ Jahr	dix-huit mois	$1^1/_2$ Jahre
neuf mois	$^3/_4$ Jahr		

Adjektiv

343 Man unterscheidet zwischen
— attributiv gebrauchtem Adjektiv: un *grand* jardin, une chambre *claire* und
— prädikativ gebrauchtem, d. h. durch ein Verb zu einem Substantiv oder einem Pronomen in Bezug gebrachtem Adjektiv (↗ auch 7): Le jardin *est grand*. Elle *reste gentille*.

Bildung der femininen Form

344 Die Adjektive unterscheiden zwischen Maskulinum und Femininum.

Schreibzeichen für die feminine Form ist ***-e***.

Adjektive, bei denen die maskuline Form auf *-e* endet, haben nur eine Form für beide Geschlechter: *malade*, *agréable*.
Im einzelnen ergeben sich aus der Bildung des Femininums folgende Schreib- bzw. Lautformen:

345

	Schreibform Mask.	Fem.	Lautformunterschied zwischen Fem. und Mask.
• **Endung -e**			
bei Adjektiv auf			
– Konsonant:	grand	grand**e**	gesprochener Endkonsonant
	long	long**ue** (u- zur Erhaltung des [*g*])	gesprochener Endkonsonant
	gris	gris**e**	gesprochener Endkonsonant
– Vokal:	joli	joli**e**	———
• Verdopplung des Endkonsonanten:			
-en ⟶ -enne	parisien	parisie**nne**	gesprochener Endkonsonant (mit Verlust des Nasals)
-on ⟶ -onne	bon	bo**nne**	gesprochener Endkonsonant (mit Verlust des Nasals)
-et ⟶ -ette	muet (↗ auch 347)	mue**tte**	gesprochener Endkonsonant
-el ⟶ -elle	culturel	culture**lle**	———
	auch:		
	pareil	parei**lle**	———
	gentil	genti**lle**	[-*ti*], [-*tij*]
• Veränderung der Endung:			
-x ⟶ -se (↗ 349)	heureux	heureu**se**	gesprochener Endkonsonant
	jaloux	jalou**se**	gesprochener Endkonsonant
-f ⟶ -ve	actif	acti**ve**	stimmhafter Endkonsonant
-er ⟶ -ère	premier	premi**ère**	[*je*], [*jɛʀ*]
	aber:		denn:
	cher	chère	— [*ʃɛʀ*], [*ʃɛʀ*]
	amer	amère	— [*amɛʀ*], [*amɛʀ*]
	fier	fière	— [*fjɛʀ*], [*fjɛʀ*]

Besonderheiten bei Schreibung und Aussprache

346 • Adjektive auf *-c*

blanc [*blɑ̃*] ⟶ blan**che** [*blɑ̃ʃ*]
franc [*fʀɑ̃*] ⟶ fran**che** [*fʀɑ̃ʃ*]
sec [*sɛk*] ⟶ s**è**che [*sɛʃ*]
aber: public [*pyblik*] ⟶ publi**que** [*pyblik*]

! un manteau chic – une veste *chic*

347 • Adjektive auf *-et* (↗ auch 345)

complet ⟶ compl**ète**		inquiet ⟶ inqui**ète**
concret ⟶ concr**ète**		secret ⟶ secr**ète**
discret ⟶ discr**ète**

348 • Adjektive auf *-s* (↗ auch 345)

gros [*gʀo*] ⟶ gro**sse** [*gʀos*]		exprès [*ɛkspʀɛ*] ⟶ expre**sse** [*ɛkspʀɛs*]
gras [*gʀa*] ⟶ gra**sse** [*gʀas*]		épais [*epɛ*] ⟶ épai**sse** [*epɛs*]
bas [*ba*] ⟶ ba**sse** [*bas*]		las [*la*] ⟶ la**sse** [*las*]

! frais ⟶ *fraîche*

349 • Adjektive auf *-x* (↗ auch 345)

doux [*du*] ⟶ *douce* [*dus*]
faux [*fo*] ⟶ *fausse* [*fos*]

350 ! Substantive als Farbbezeichnung bleiben unverändert:

une jupe *marron*		ein kastanienbrauner Rock
une voiture *argent*		ein silberfarbenes Auto

Ebenso sind näher bestimmte Farbadjektive unveränderlich:

une armoire vert *clair*		ein *hell*grüner Schrank
une jupe bleu *ciel*		ein *himmel*blauer Rock

351 Einige Adjektive haben zwei Singularformen für das Maskulinum:

maskulin		vor Vokal oder vokal. h			feminin
l'arbre	est *beau*	un	**bel**	arbre	*belle*
l'hôtel	est *nouveau*	un	**nouvel**	hôtel	*nouvelle*
l'homme	est *vieux*	un	**vieil**	homme	*vieille*
l'espoir	est *fou*	un	**fol**	espoir	*folle*

Zum Plural ↗ 352.

Pluralbildung

352 In der Lautform gibt es ähnlich wie beim Substantiv (↗ 267) in der Regel keinen hörbaren Unterschied zwischen dem Singular und dem Plural. Nur die Adjektive auf *-al* haben eine besondere Lautform im Plural. Es gibt verschiedene Pluralzeichen, und zwar

Schreibform	Lautform
• die Endung **-s**	
für die meisten Adjektive: grand ⟶ grand**s** grande ⟶ grande**s**	 —— ——
• die Endung **-x**	
bei den maskulinen Adjektiven auf -(**ea**)**u**: beau ⟶ beaux (auch vor Vokal: des beaux arbres; ↗ 351)	——
! bleu ⟶ bleu**s** fou ⟶ fou**s**	—— ——
• die Endung **-aux**	
bei den meisten Adjektiven auf **-al**: amical ⟶ amic**aux**	[*al*], [*o*]
! final ⟶ final**s** naval ⟶ naval**s**	——

353 Adjektive auf **-s** bzw. **-x** haben kein besonderes Schreibzeichen für den Plural:

un *gros* ballon – des *gros* ballons; un enfant *heureux* – des enfants *heureux*.

Kongruenz in Genus und Numerus

354 Anders als im Deutschen stimmt das Adjektiv stets in Genus und Numerus mit seinem Bezugswort überein:

la *petite* maison	la maison *est petite*
das klein*e* Haus	das Haus ist klein

355 Bezogen auf zwei und mehr Substantive, steht das Adjektiv im Plural (1). Es steht in der maskulinen Pluralform, wenn die Substantive unterschiedliches Genus haben (2). Das maskuline Substantiv steht dabei im allgemeinen dem Adjektiv am nächsten:

1/ la langue et la culture *françaises*	die französische Sprache und Kultur
2/ la veste et le foulard *blancs*	die weiße Jacke und das weiße Tuch

356 Wird zwischen einzelnen Personen oder Sachen der gleichen Gattung durch mehrere Adjektive unterschieden, steht das Substantiv – anders als im Deutschen – im Plural; die Adjektive stehen jeweils im Singular:

les langue*s* *russe* et *française*	die russische und die französische Sprache
le *dix-neuvième* et le *vingtième* siècle*s*	das neunzehnte und das zwanzigste Jahrhundert
! l'amitié *germano*-soviétique	die deutsch-sowjetische Freundschaft

357 Bezogen auf die Anredeform *vous* steht das Adjektiv

— im Singular, wenn es sich um *eine* Person handelt:

Vous êtes très *gentille*, *madame*.	Sie sind sehr nett, Madame.

— im Plural, wenn es sich um mehrere Personen handelt:

Vous êtes *contents*, *messieurs*?	Sind Sie zufrieden, meine Herren?

358 ! Das Adjektiv *bon marché* ist unveränderlich, ebenso seine Steigerungsformen (↗ 361):

un médicament bon marché	ein billiges Arzneimittel
une montre *bon marché*	eine billige Armbanduhr
des médicaments *meilleur marché*	billigere Arzneimittel
la montre *la meilleur marché*	die billigste Armbanduhr

Vergleich (Steigerung)

359 Im Ergebnis eines Vergleichs von Eigenschaften können sich ergeben

• **Gleichheit**		**aussi**				genauso . . . wie
• **Ungleichheit**	Ce sac est	**plus**	cher	**que**	cette valise.	. . . als
		moins				

Die Vergleichsgröße wird stets mit *que* angeschlossen.

! «als» bei Zahlenangaben heißt *de*:

J'ai travaillé *plus de trois* heures.	. . . mehr als drei Stunden

360 • Ein **sehr hoher** bzw. **sehr niedriger Grad** der betreffenden Eigenschaft wird ausgedrückt durch:

best. Artikel/Possessivadjektiv	+	**plus** **moins**	+	Adjektiv

Voilà *la plus petite* pièce de l'appartement.	Das hier ist der kleinste Raum der Wohnung.
Voilà *mon plus beau* cadeau.	Das hier ist mein schönstes Geschenk.

Bei nachgestelltem Superlativ wird der bestimmte Artikel wiederaufgenommen:

C'est *le* film *le moins intéressant* du festival.

361 Folgende Adjektive haben unregelmäßige Steigerungsformen:

un	bon	repas	un	**meilleur**	repas	**le meilleur**	repas
une	mauvaise **schlimm**	situation	une	**pire**	situation	**la pire**	situation
un	petit **gering**	problème	un	**moindre**	problème	**le moindre**	problème

petit «klein» und mauvais «schlecht» werden jedoch regelmäßig gesteigert:
Nathalie est *plus petite que* son amie. ... ist *kleiner* als ...

Stellung des Adjektivs

362 Das attributiv gebrauchte Adjektiv steht im allgemeinen hinter dem Substantiv.
Einige Adjektive stehen aber fast immer vor dem Substantiv.

363 • Dem Substantiv **nachgestellt**
werden Adjektive, die unterscheidend wirken, durch die der Sprecher oder Schreiber also eine Person oder Sache von anderen Personen oder Sachen der gleichen Gattung unterscheidet. Das sind

— Adjektive, die Nationalität, Farbe, Form, politische Zugehörigkeit usw. bezeichnen:

mon ami *français*
une maison *rouge*
une table *ronde*
un pays *socialiste*

364 — kurze Adjektive, wenn ihnen durch ein Adverb der nur schmückende Charakter genommen ist (↗ 464): un jardin *trop petit.*

365 — meist mehrsilbige Adjektive. Hier ist z. T. auch Voranstellung möglich: un appartement *agréable* – un *agréable* séjour

366 ● Dem Substantiv **vorangestellt**
werden in der Regel Adjektive, durch die der Sprecher oder Schreiber eine Person oder Sache **nicht** von anderen Personen oder Sachen der gleichen Gattung unterscheiden will. Solche meist kurzen Adjektive ohne unterscheidende Funktion sind: *bon*, *gros*, *grand*, *petit*, *joli*, *beau*, *jeune* usw.: un *petit* jardin (↗ auch 364).

367 [!] Einige Adjektive haben in Voranstellung eine andere Bedeutung als in Nachstellung:

vorangestellt		nachgestellt	
mon *ancienne* école	ehemalig	un monument *ancien*	alt
mon *cher* ami	lieb	un cadeau *cher*	teuer
un *nouveau* disque	neu, eine andere	un produit *nouveau*	neu, neuartig
ce *pauvre* enfant	bedauernswert	un homme *pauvre*	arm
ma *propre* chambre	eigen	une chambre *propre*	sauber
une *simple* formalité	bloße	une question *simple*	einfach
la *dernière* année	letzte	l'année *dernière*	vorige

Aber stets nur: l'an *dernier*   im vorigen/vergangenen Jahr

[!] *neuf*, *neuve*   neu (ungebraucht):
une jupe *neuve*   ein neuer (noch ungetragener) Rock.

368 Für die Stellung zweier Adjektive beim Substantiv gilt:
● **Nachstellung** beider Adjektive, wenn sie unterscheidende Funktion haben. Dem Substantiv am nächsten stehendes Adjektiv bildet mit diesem einen einheitlichen Begriff, auf den sich das zweite Adjektiv bezieht:

la littérature moderne française	die "französische moderne Literatur
la littérature française moderne	die "moderne französische Literatur

369 ● **Voranstellung** beider Adjektive, wenn sie ohne unterscheidende Funktion gebraucht werden:
une *jolie petite* maison   ein hübsches kleines Haus

370 ● **Voranstellung** bzw. **Nachstellung** je eines der Adjektive:
un *ancien* ouvrier *agricole*   ein ehemaliger Landarbeiter

Die Stellvertreter des Substantivs

Personalpronomen

371 Im Französischen unterscheidet man das unbetonte, nur in Verbindung mit dem Verb auftretende Personalpronomen, das betonte Personalpronomen (↗ 404) und die Adverbialpronomen *en* und *y* (↗ 399).

Unbetontes Personalpronomen

372

Subjekt		indirektes Objekt			direktes Objekt	
je	rentre; *j'*écoute	on **me**	téléphone	on	**me**	salue/*m'*appelle
tu	rentres	**te**			**te**	*t'* appelle
il	rentre	**lui**			**le**	*l'* appelle
elle	rentre	**lui**			**la**	*l'* appelle
nous	rentrons	**nous**			**nous**	
vous	rentrez	**vous**			**vous**	
ils	rentrent	**leur**			**les**	
elles	rentrent	**leur**			**les**	

Vor Vokal bzw. vokalischem h verlieren *je*, *me*, *te*, *le*, *la* ihren Vokal.

Subjektformen

373 Die Subjektformen sind oftmals einziges Kennzeichen für die Personalform des Verbs, da die Lautform des Verbs weniger Personalformen unterscheidet als die Schreibform. (↗ auch 84)

374 • **il** kann auch neutrales Pronomen sein und ist als solches

— Subjekt bei unpersönlichen Verben (↗ 126):

il fait beau; *il neige* — es ist schön; es schneit

375 — grammatisches Subjekt bei gelegentlich unpersönlich gebrauchten Verben. Das logische Subjekt rückt dadurch in die Endstellung (↗ 63):

Il existe de graves problèmes. — Es gibt ernsthafte Probleme.

376 • **vous** ist auch Höflichkeitsform für die Anrede im Singular bzw. Plural (↗ 75): *Vous* êtes gentille, madame.

377 • Das Pronomen **on** entspricht dem deutschen «man»:

On n'a qu'une vie. — Man hat nur ein Leben.

378 *on* kann in der Umgangssprache vor allem anstelle von *nous* verwendet werden. Die Verbform steht immer in der 3. Person Singular; Adjektive und Partizipien jedoch sind in Genus und Numerus veränderlich:

Vous avez fait bon voyage, Serge et Christian? – Oui, *on* est très content*s*. *On* est parti*s* le matin. Mais à Paris, *on* a bien eu peur de manquer *notre* correspondance.

Hattet ihr eine gute Reise, Serge und Christian? – Ja, *wir* sind zufrieden. *Wir* sind am Morgen losgefahren. Aber in Paris hatten *wir* ganz schön Angst, unseren Anschlußzug zu verpassen.

Objektformen

379 Die Objektformen werden u. a. verwendet

— bei der Herausstellung eines Objekts durch die *phrase segmentée* (↗ 69):

La télé, je ne *la* regarde pas souvent. — Fernsehen tue ich nicht oft.

— vor *voici, voilà* (↗ 4, 5):

Me voici. *Le* voilà. — Hier bin ich. Da ist er.

380 **le** kann auch neutrales Objektpronomen sein. Es steht stellvertretend für

— ein (als Prädikativum gebrauchtes) Substantiv oder Adjektiv:

Martine *est la femme* de Jean? – Non, mais elle *le* sera bientôt. — Ist Martine Jeans Frau? – Nein, aber sie wird es bald sein.

Elle *est gentille*? – Oui, elle *l'*est. — Ist sie nett? – Ja, das ist sie.

381 — Satzglieder, die direktes Objekt sind:

Tu as oublié *que Jean vient ce soir*? – Non, je ne *l'*ai pas oublié. — Hast du vergessen, daß Jean heute abend kommt? – Nein, ich habe es nicht vergessen.

382 **vous** steht für die fehlende Objektform von *on*:

On travaillait, on construisait, et lui était toujours là pour *vous* encourager. («RÉVOLUTION») — Wir arbeiteten, wir bauten etwas auf, und er war immer da, um einen anzuspornen.

383 • Pronominales Objekt, das sich auf das Subjekt des Satzes bezieht, bezeichnet man als Reflexivpronomen (↗ auch 107–109); die 3. Person Singular und Plural haben eine besondere Form für das Reflexivpronomen, *se*:

Je *m'*habille tout de suite. — Ich ziehe mich sofort an.

Les enfants *se* peignent. — Die Kinder kämmen sich.

In der Bedeutung «einander» spricht man vom reziproken Gebrauch: Ils *se* saluent. Sie begrüßen sich/einander.

(Zu mit Präposition angeschlossenen pronominalen Objekten ↗ 399, 407.)

Stellung des unbetonten Personalpronomens

Als Subjekt

384 Das Subjektpronomen steht normalerweise unmittelbar **vor** dem Verb. Zwischen Pronomen und Verbform können nur stehen

— das Verneinungswort *ne*:

Vous *n'*habitez pas à Paris?	Wohnen Sie nicht in Paris?

385 — ein Personalpronomen als Objekt:

Ces grands immeubles, tu *les* vois?	Die großen Wohnhäuser da, siehst du sie?

386 Es steht **nach** der konjugierten Verbform

— in Fragesätzen mit Inversion (↗ 58, 59, 61):

Comment vas-*tu*?	Wie geht es dir?
Quel âge avez-*vous*?	Wie alt sind Sie?
Que pense-t-*il* de ces événements?	Was hält er von diesen Ereignissen?

387 — im in direkter Rede eingeschobenen Satz (↗ 41):

— Ah! lui *dis-je*, j'ai peur ... (SAINT-EXUPÉRY)	«Ach», sagte ich zu ihm, «ich habe Angst! ...»

Als Objekt

388 Pronominales Objekt steht normalerweise vor der konjugierten Verbform:

Tu achètes ces disques?	– Oui, je	*les*	achète.
Tu connais ce film?	– Non, je ne	*l'*	ai pas encore vu.
	Attends, ne	*te*	dépêche pas.

389 Beim bejahten Imperativ stehen Objekt- und Reflexivpronomen jedoch hinter der Verbform, und zwar durch einen Bindestrich mit ihr verbunden. Für *me*, *te* stehen die Formen *moi*, *toi*:

Parle-*moi* de tes vacances.	Erzähl mir von deinen Ferien.
Dépêche-*toi*.	Beeil dich!

(Zur Stellung bei verbalen Umschreibungen ↗ 397, 398.)

Zwei Objektpronomen beim Verb

390 Mögliche Kombinationsfolgen zweier pronominaler Objekte beim Verb bzw. von Objektpronomen und *en* oder *y* sind:

1/		2/		3/		4/	
me (m')		**le** (l')		**lui**		**en**	+ Verb
te (t')		**la**	vor	**leur**	vor		
se (s')	vor	**les**					
nous		**y**					
vous		**en**					
se (s')							

Daraus ergeben sich also

391 • die Kombination 1–2:

Tu me donnes le livre?	– Oui, je	te	le	donne.
la serviette?		te	la	
les disques?		te	les	
Ah, des chocolats, ...	je	m'	en	achète?
Manger des chocolats, ...	on	s'	y	habitue.

392 • die Kombination 2–3:

Est-ce que tu vas montrer cette lettre à ta maman?	– Oui, je vais	la	lui	montrer.
Voilà des cadeaux pour mes amis,	je	les	leur	donnerai demain.

393 **!** Soll ein anderes direktes Objekt als *le*, *la*, *les* mit einem indirekten Objekt der 3. Person stehen, dann muß für das indirekte Objekt *à* + betontes Personalpronomen gebraucht werden (↗ 404, 411):

Tu *me* présentes *à lui*/*à eux*? Stellst du *mich ihm*/*ihnen* vor?

394 • die Kombination 3–4:

Nathalie n'a plus d'argent, ...	tu	lui	en	donnes?
Parle à tes amis de ce voyage.	– Je	leur	en	parlerai demain.

395 **!** Stehen beide Adverbialpronomen zusammen, steht *y* stets vor *en*:

Des assiettes ...? Oui, il	y	en	a encore.
	Y	en	a-t-il assez?

(Zu den Adverbialpronomen *en*, *y* ↗ 399.)

396 • Kombinationsfolgen beim bejahten Imperativ:

		moi
		toi
	-le-	nous
Verb	-la-	vous
	-les-	lui
		leur
		en, y

Ce parapluie, là, *montrez-le-moi*, je vous en prie. ... zeigen Sie mir den doch bitte mal.

	-m'	
	-t'	
Verb	-nous-	en
	-vous-	
	-lui-	
	-leur-	

Ah, des chocolats ..., *donne-m'en.* ... gib mir welche.

Pronominales Objekt beim Infinitiv

397 Bei Verbalumschreibungen (↗ 196 ff.) stehen pronominale Ergänzungen nicht vor der konjugierten Verbform, sondern vor dem Infinitiv:

Je voudrais *t'accompagner.* — Ich möchte dich begleiten.
Ce voyage, je ne peux pas *me le payer*! — "Diese Reise kann ich mir aber nicht leisten!
Et des bonbons ..., tu vas *en acheter*? – Je vais *y penser.* — Und Bonbons ..., wirst du welche kaufen? – Ich werde daran denken.

398 Stehen Verben der sinnlichen Wahrnehmung *(voir, regarder, entendre, écouter, sentir)* oder auch *laisser* bzw. *faire* mit einem Infinitiv (↗ 215 ff.), dann treten pronominale Ergänzungen **vor** die **konjugierte** Verbform; beim *impératif* stehen sie **hinter** der konjugierten Verbform:

Tu vois notre voisin? – Oui, je *le vois* laver sa voiture. — Siehst du unseren Nachbarn? – Ja, ich sehe ihn seinen Wagen waschen.
Laisse-le laver sa voiture. — Laß ihn seinen Wagen waschen!

Die Adverbialpronomen ***en*** *und* ***y***

399 Die Adverbialpronomen *en* und *y* stehen stellvertretend für

- mit *de* bzw. für mit *à* angeschlossene Sachobjekte:

Bernard parle *de ses vacances.* — Bernard erzählt von seinen Ferien.
Il *en* parle à ses amis. — Er erzählt seinen Freunden davon.
Tes parents participent *à la réunion*? – Non, ils n'*y* participent pas. — Nehmen deine Eltern an der Versammlung teil? – Nein, sie nehmen nicht daran teil.

(mit *de* bzw. *à* angeschlossenes Objekt, das Personen bezeichnet, ↗ 407)

400 *en* steht ferner stellvertretend für

- ein direktes Sachobjekt mit Teilungsartikel oder mit dem Plural des unbestimmten Artikels (1) bzw. mit *de* bei Verneinung (2); ↗ auch 301 ff.:

1/ J'achète *de la viande*. Tu *en* achètes aussi?	Ich kaufe Fleisch. Kaufst du auch welches?
Est-ce que tu prends *des billets*? – Oui, j'*en* prends (trois).	Kaufst du Fahrkarten? – Ja, ich kaufe welche/drei.
2/ Je ne prends *pas de gâteau* ... je n'*en* prends pas maintenant.	Ich esse keinen Kuchen ... ich esse jetzt keinen.
Dans l'armoire, il n'y a *pas d'assiettes*, ... vraiment, il n'y *en* a plus.	Im Schrank stehen keine Teller, ... wirklich, es sind keine mehr da.

401 • ein direktes Objekt mit vorangehender Mengenangabe. Diese (oder auch eine andere) Mengenangabe muß dann bei *en* nochmals ausgedrückt werden:

Quoi, tu as acheté *cinq kilos de pommes*?	Was, du hast fünf Kilo Äpfel gekauft?
– Oui, j'*en* ai acheté *cinq* (kilos).	– Ja, ich habe fünf (Kilo) gekauft.
Vous avez *beaucoup de travail*?	Haben Sie/Habt ihr viel Arbeit?
– J'*en* ai *trop* en ce moment.	– Zur Zeit habe ich zuviel.

!

402 — *en* anstelle von *de* + Ortsangabe und *y* anstelle von *à* (*en*, *dans*, *sur*, *sous*, usw.) + Ortsangabe sind Adverbialbestimmungen des Ortes:

Je viens *du marché*. J'*en* viens.	Ich komme vom Markt. Ich komme von dort.
Je vais *au marché*. J'*y* vais tout de suite.	Ich gehe auf den Markt. Ich gehe sofort hin.
Sylvie est *dans une colonie de vacances*. Elle *y* est depuis deux semaines.	Sylvie ist im Ferienlager. Sie ist seit zwei Wochen dort.

— Vor den Formen des *futur* und des *conditionnel* von *aller* fällt *y* weg:

Tu vas *à Saint-Denis*? – Oui, j'*irai* la semaine prochaine.	Fährst du nach Saint-Denis? – Ja, ich fahre nächste Woche hin.

403 Für *chez* + Personenbezeichnung steht stets *chez* + betontes Personalpronomen (↗ 404):

Tu viens *de chez ton ami*? – Oui, je viens *de chez lui*.	Kommst du von deinem Freund? – Ja, ich komme von ihm.
Tu vas *chez tes amis*? – Oui, je vais *chez eux*.	Gehst du zu deinen Freunden? – Ja, ich gehe zu ihnen.

(Zur Stellung der Pronomen *en* und *y* ↗ 390 ff.)

Betontes Personalpronomen

Qui est-ce qui a téléphoné?			
moi	toi	lui	elle
nous	vous	eux	elles

404 Das betonte Personalpronomen ist nicht mit dem Verb verbunden; es wird losgelöst von ihm gebraucht (daher auch «unverbundenes» Personalpronomen genannt).
Die Formen für Subjekt und Objekt sind gleich.

Betontes Personalpronomen steht

- in Sätzen ohne Verb, u. a. auch mit *aussi* sowie mit der entsprechenden Verneinung *non plus* (↗ auch 33):

Qui est-ce qu'on cherche? – *Toi.*	Wer wird gesucht? – Du.
Qui parle? – *Pas moi.*	Wer spricht da? – Ich nicht.
Je prends du sucre dans mon café ..., *toi aussi*?	Ich trinke den Kaffee mit Zucker, ... du auch?
Mais je *ne* prends *pas de lait.* – *Moi non plus.*	Aber ich nehme keine Milch. – Ich auch nicht.

405 • nach *c'est, c'est ... qui, c'est ... que*:

Qui est-ce? – *C'est moi.*	Wer ist das? – ″Ich bin es.
C'est nous qui faisons la cuisine aujourd'hui.	Heute kochen ″wir.
C'est lui que j'ai retrouvé hier.	″Ihn habe ich gestern getroffen.

(Zur Übereinstimmung der Verbform ↗ 73).

406 • zur Hervorhebung des Subjekts oder Objekts, wodurch es auch anderen Personen gegenübergestellt werden kann:

Tu écoutes des disques? ... Jean-Pierre, *lui*, range sa chambre.	Du hörst dir Platten an? ... ″Jean-Pierre räumt sein Zimmer auf.
On *m*'appelle, *moi*? ... Pourquoi?	Werde ″ich gerufen? ... Warum?

Steht das betonte Pronomen vor dem Verb, wird es durch das entsprechende unbetonte Pronomen wiederaufgenommen; *lui* und *eux* brauchen nicht wiederaufgenommen zu werden:

Tu manges des chocolats? ... *Moi*, *je* préfère des bonbons.	Ißt du Pralinen? ... ″Ich ziehe mir Bonbons vor.
Tiens, des nouvelles de Bernard! *Lui* m'a écrit. Pas sa sœur.	Sieh mal, Nachricht von Bernard! ″Er hat mir geschrieben, seine Schwester nicht.

407 • auf Personen bezogen stets nach Präpositionen:

Bernard parle *de ses amis*. Il parle beaucoup *d'eux*.	Bernard spricht von seinen Freunden. Er erzählt viel von ihnen.
Je pense *à mes amis*. Je pense souvent *à eux*.	Ich denke an meine Freunde. Ich denke oft an sie.

(Zum mit *de* bzw. *à* angeschlossenem Sachobjekt ↗ 399.)

408 Ist das Subjekt unbestimmt, steht nach Präpositionen *soi*:

On ne parle pas de *soi*.	Man spricht nicht von sich.
Chacun travaille pour *soi*.	Jeder arbeitet für sich.

409 • beim Vergleich:

Bernard et Jean-Pierre aiment le sport. Sylvie fait de l'athlétisme *comme eux*. Mais elle est *moins bonne qu'eux*.	Bernard und Jean-Pierre treiben gern Sport. Sylvie betreibt Leichtathletik wie sie. Aber sie ist weniger gut als sie.

410 • zur Betonung eines Besitzverhältnisses bzw. in der 3. Person Singular und Plural zur Verdeutlichung:

C'est mon livre *à moi*.	Das ist ″mein Buch.
C'est son dessin *à lui*.	Das ist ″seine Zeichnung.
C'est son dessin *à elle*.	Das ist ″ihre Zeichnung.

(Zum Possessivadjektiv ↗ 312.)

411 • als indirektes Objekt, wenn bei ihm das Reflexivpronomen *se* oder ein anderes direktes Objekt steht als *le, la, les* (↗ auch 383, 390, 393):

Luc *se* présente *à nous*.	Luc stellt sich uns vor.
On *m*'a présenté *à eux*.	Man hat mich ihnen vorgestellt.
dir. Obj. indir. Obj.	

412 • mit *même*, das – nachgestellt – mit dem betonten Pronomen durch Bindestrich verbunden wird:

Vous avez refait votre chambre *vous-mêmes*?	Habt ihr euer Zimmer selbst renoviert?

Steht *même* vor dem Pronomen, wird mit Nachdruck auf das Pronomen verwiesen:

Même moi ne le comprends pas.	Selbst ″ich verstehe das nicht./ Nicht einmal ich verstehe das.
Même nous ne pouvons pas t'aider.	Nicht einmal wir können dir helfen.

Demonstrativpronomen

	m	f	
Sing.	**celui**	**celle**	dont je parle
Plur.	**ceux**	**celles**	

413 Demonstrativpronomen stehen nie allein!
Sie werden verwendet
— mit *de* + Ergänzung:

Tu as vu le dessin? – *Celui de* ton frère? ... Oui.
Hast du die Zeichnung gesehen? – Die deines Bruders? ... Ja.

414 — mit nachfolgendem Relativsatz:

J'ai beaucoup d'amies; *celle que* je préfère s'appelle Tania.
Ich habe viele Freundinnen; die (, welche) ich am meisten mag, heißt Tanja.

415 — mit *-ci* bzw. *-là* verbunden, um die hinweisende Funktion zu unterstreichen:

Oh, les belles fleurs ...! Je prends *celles-ci*?
Oh, die schönen Blumen ...! Soll ich die hier kaufen?

Tu connais ce monument ..., *celui-là*, derrière le pont?
Kennst du das Denkmal ..., "das hinter der Brücke?

Quelle veste est-ce que je mets ... *celle-ci* ou *celle-là*?
Welche Jacke soll ich anziehen ... die(se) hier oder die da?

416 Für die neutrale Form *cela* steht in der gesprochenen Sprache meist **ça**:

Ça fait combien?
Wieviel macht das?

Les sports d'hiver? ... non, je n'aime pas *ça*.
Wintersport? ... nein, dafür bin ich nicht.

Neutrales ce

417 Neutrales *ce* wird gebraucht
— mit *qui* bzw. *que* als Einleitewort eines Relativsatzes (↗ auch 437, 438). Es entspricht dem deutschen «(das) was»:

On ne comprend pas *ce qui* se passe ici.
Man versteht nicht, was hier vorgeht.

Ce qu'il me faut, c'est des vacances.
Was ich brauche, ist Urlaub.

Je fais *ce que* tu veux.
Ich tue, was du möchtest.

418 — wie *ça* (↗ 416), um den Inhalt vorangehender Sätze aufzunehmen:

Tu pourras loger cinq personnes? – *Ce* sera difficile.	Kannst du fünf Personen unterbringen? – Das wird schwer sein.
Il parle bien français! *C*'est utile de savoir parler français.	Er kann gut Französisch! Das ist was wert, Französisch zu können!

419 ! Statt *c'est* steht in gehobener Sprache unpersönliches *il est*; eigentliches Subjekt des Satzes ist ein nachfolgender Infinitiv:

Il est difficile de traduire ce texte.	Es ist schwer, diesen Text zu übersetzen.

(*traduire ce texte* est difficile)
log. Subj. Prädik.

Possessivpronomen

420

	Singular (ein Zugehöriges) m	f	Plural (mehrere zugehörige Personen/Sachen) m	f
eine Person	**le mien**	la mienne	les miens	les miennes
	le tien	la tienne	les tiens	les tiennes
	le sien	la sienne	les siens	les siennes
mehrere Personen	**le nôtre**	la nôtre	les nôtres	
	le vôtre	la vôtre	les vôtres	
	le leur	la leur	les leurs	

A qui est ce livre? – C'est *le mien.*	Wem gehört das Buch? – Das ist meins.

421 ! Im Französischen stehen niemals zwei Possessivadjektive (↗ 312) als Begleiter eines Substantivs; das zweite Zugehörigkeitsverhältnis wird daher durch das Possessivpronomen ausgedrückt:

Mes parents et *les tiens.*	*Meine* und *deine* Eltern.

Indefinitpronomen

422 Die gebräuchlichsten Indefinitpronomen, die eine **Anzahl** nicht näher bestimmen, sind:

	personne	Qui est venu? – *Personne.* Niemand. *Personne* ***n'***est venu. Es ist niemand gekommen. Je ***ne*** vois *personne.* Ich sehe niemanden. [!] Il *n'*a *jamais* aimé *personne.* Er hat niemals *jemanden* geliebt.
423	**rien**	Qu'est-ce qu'il y a? – *Rien.* Nichts. *Rien* ***n'***est plus beau. Nichts ist schöner. Je ***n'***ai *rien* acheté. Ich habe nichts gekauft. [!] Les hommes *n'*ont *plus* le temps de *rien* connaître. (SAINT-EXUPÉRY) Die Menschen haben keine Zeit mehr, *etwas* kennenzulernen.
424	**aucun, aucune**	Tu as fait combien de fautes? – *Aucune.* Keinen. Tous les élèves étaient présents. *Aucun* ***n'***était absent. Keiner fehlte.
	pas un, pas une	*Pas un* ***n'***a vu le film français. Nicht einer hat den französischen Film gesehen. Tu as combien de bonbons? – *Pas un.* Keinen (einzigen).
	[!] Mit Verb gebraucht, steht bei diesen vier Pronomen stets **ne**, und zwar vor dem Verb.	
425	**quelques-uns, quelques-unes**	*quelques-uns* de mes amis einige meiner Freunde *quelques-unes* de ces questions einige dieser Fragen
	plusieurs	Tu as des activités pendant tes loisirs? – Oui, *plusieurs.* Ja, mehrere.
426	**chacun, chacune**	*chacune* de ces lettres jeder (einzelne) dieser Briefe
427	**tout** (neutrales Pronomen)	Dis-moi *tout.* Sag mir alles!
	tous [*tus*], **toutes**	Ils sont *tous* membres du syndicat. Sie sind alle Gewerkschaftsmitglieder.

[!]

428 1/ *tout*; *tous*, *toutes* können innerhalb oder außerhalb der Verbgruppe stehen:

Je lui ai *tout* dit./Je lui ai dit *tout.*
Tous [*tus*] sont en congé./Ils sont *tous* en congé.

429 2/ *tout* ist Indefinitadjektiv (↗ 318) bei mit *ce qui* bzw. *ce que* eingeleitetem Relativsatz (↗ 417, 438):

C'est *tout ce que* [*tuskə*] je peux faire pour toi.	Das ist alles, was ich für dich tun kann.

tous, *toutes* ist Indefinitadjektiv (↗ 318) bei mit *ceux/celles qui* bzw. *ceux/celles que* eingeleitetem Relativsatz (↗ 414):

Je remercie *tous ceux qui* m'ont aidé(e).	Ich danke allen, die mir geholfen haben.

430 Die **Art** nicht näher bestimmende Indefinitpronomen sind:

quelqu'un (nur maskulin!)	*Quelqu'un* m'a appelé. (Irgend)jemand hat mich gerufen.
quelque chose (unveränderl.)	Tu as choisi *quelque chose* (de pratique)? Hast du dir etwas (Praktisches) ausgesucht?
autre chose	Parlons d'*autre chose*. Sprechen wir von etwas anderem!
un/une autre	*Un autre* t'aidera. Ein anderer wird dir helfen.
! **d'autres**	Quelques-uns jouent au football, *d'autres* jouent de la guitare. Einige spielen Fußball, andere Gitarre.

(Zum unbestimmten Pronomen *on* ↗ 377, 378.)

Interrogativpronomen

Personen		Sachen	
qui	parle?		
qui	cherches-tu?	**que**	cherches-tu?
de qui	parles-tu?	**de quoi**	parles-tu?
à qui	parles-tu?	**à quoi**	penses-tu?
lequel	des deux garçons/ballons?		

431 Die einfachen Frageformen werden nur in gehobener Sprache gebraucht. Die Subjektform *que* ...? bei der Frage nach Sachen steht nur bei unpersönlich gebrauchten Verben (↗ 127, 129):

Que se passe-t-il?	Was ist los?

432 In Sätzen ohne Verb steht **quoi**:

Quoi de nouveau? — Was gibt's Neues?

433 In der Umgangssprache sind die umschriebenen Frageformen geläufig, und zwar bei der Frage nach dem

Subj.	**qui est-ce qui**	parle?	**qu'est-ce qui**	se passe?
dir. Obj.	**qui est-ce que**	tu cherches?	**qu'est-ce que**	tu veux?
indir. Obj.	**de qui est-ce que**	tu parles?	**de quoi est-ce que**	tu parles?
	à qui est-ce que	tu penses?	**à quoi est-ce que**	tu penses?
	bezogen auf Personen		bezogen auf Sachen	

434 ● Mit dem Interrogativpronomen **lequel/laquelle** ...?, das der Form nach identisch ist mit dem zusammengesetzten Relativpronomen (↗ 442), fragt man bei der Auswahl aus mehreren Personen oder Sachen:

Tu as choisi un parapluie? *Lequel* est-ce que tu prends? — Hast du dir einen Schirm ausgesucht? Welchen nimmst du?

Mes couleurs préférées sont le brun et le noir. Je voudrais savoir *lesquelles* tu préfères. — Meine Lieblingsfarben sind Braun und Schwarz. Ich wüßte gern, welche du bevorzugst.

(Zum indirekten Fragesatz ↗ 531, 533–537)

Relativpronomen

la porte	**qui**	s'ouvre
la maison	**que**	je vois
la femme	**à qui**	je parle
la chose	**dont**	on parle

435 Das Relativpronomen nimmt ein vorangehendes Beziehungswort (Substantiv oder Pronomen) wieder auf. Es schließt an dieses Beziehungswort einen Nebensatz (Relativsatz) an.

(Zur Kommasetzung beim Relativsatz ↗ 528, 529.)

Einfaches Relativpronomen

436 Das einfache Relativpronomen ist unveränderlich in Genus und Numerus. Vor Vokal bzw. vokalischem *h* verliert *que* den Endvokal; das *i* in *qui* bleibt stets erhalten.

Im Satz ist das Relativpronomen:

	bezogen auf			
Subjekt	Personen: Sachen:	la fille les disques	**qui**	travaille sont là
dir. Objekt	Personen: Sachen:	les jeunes les monuments	**que**	nous aidons vous voyez
mit *de* angeschlossene Ergänzung	Personen: Sachen:	les ami(e)s les photos	**dont**	je m'occupe je suis content
mit Präpos. (außer *de*) angeschlossene Ergänzung	Personen: (↗ 442)	le monsieur les enfants	**à qui** **pour qui**	j'ai écrit Jeanne prépare le dîner

437 • ***ce qui*** (Subjekt) bzw. ***ce que*** (Objekt) entsprechen dem deutschen Relativpronomen «(das) was». Sie werden verwendet

— verallgemeinernd, d. h. ohne Beziehungswort:

Je fais *ce qui* me plaît.	Ich tue, was mir gefällt.
Je ne sais pas *ce que* tu veux.	Ich weiß nicht, was du willst.
Ce qui compte, c'est ton travail.	Was zählt, ist deine Arbeit.
Ce que tu dis me surprend.	Was du sagst, überrascht mich.

438 — bezogen auf das Indefinitadjektiv (↗ 318) *tout* (1) bzw. auf einen ganzen Satz (2):

1/ C'est *tout ce que* j'avais à te dire.	Das ist alles, was ich dir zu sagen hatte.
2/ Le théâtre a présenté «Tartuffe» dans une nouvelle mise en scène, *ce qui* a surpris certaines personnes.	Das Theater hat «Tartuffe» in einer Neuinszenierung gebracht, was manchen überrascht hat.

439 • ***quoi*** ist neutrales Relativpronomen. Es steht mit Präpositionen:

Ce *à quoi* je pense est tout simple.	Das, woran ich denke, ist ganz einfach.

440 • ***dont*** steht nicht nur für mit *de* angeschlossenes indirektes Objekt (↗ 436), sondern auch für attributive Ergänzung mit *de*; der bestimmte Artikel eines substantivischen Subjekts bzw. Objekts bleibt nach *dont* erhalten:

Ce roman *dont* je connais *l'*auteur, a eu un grand succès. (< *l'*auteur du roman)

Dieser Roman, dessen Autor ich kenne, hatte einen großen Erfolg.

441 • Das Relativadverb ***où*** steht für eine Adverbialbestimmung des Ortes oder der Zeit:

le quartier *où* j'habite — das Viertel, in dem ich wohne

le jour *où* je suis rentré(e) — der Tag, an dem ich zurückgekommen bin

Zusammengesetztes Relativpronomen

m Sing.	m Plur.	f Sing.	f Plur.
lequel	**lesquels**	**laquelle**	**lesquelles**
duquel	**desquels**	**de laquelle**	**desquelles**
auquel	**auxquels**	**à laquelle**	**auxquelles**

442 Das zusammengesetzte Relativpronomen richtet sich in Genus und Numerus nach seinem Beziehungswort. Es steht

— für eine mit Präposition (außer, *de*) angeschlossene Ergänzung, und zwar bezogen auf **Sachen** bzw. Abstrakta (↗ auch 436):

Voilà l'hôtel de ville, *près duquel* s'élève la tour de télévision. (< *près de l'hôtel de ville* . . .)

Das ist das Rathaus, in dessen Nähe sich der Fernsehturm erhebt.

Tu te souviens du camp travail-loisirs *auquel* nous avons participé l'année dernière? (< participer *à un camp* travail-loisirs)

Erinnerst du dich an das Lager für Arbeit und Erholung, an welchem wir im vergangenen Jahr teilgenommen haben?

443 — nach *entre* und *parmi*:

On comprend la colère de ces jeunes *parmi lesquels* il y a beaucoup de chômeurs.

Man versteht den Zorn dieser jungen Leute, unter denen es viele Arbeitslose gibt.

444 — , wenn es Attribut zu einem Substantiv mit Präposition ist:

Voilà mes amis *sur l'aide desquels* je compte. (< je compte *sur l'aide* de mes amis)

Das hier sind meine Freunde, auf deren Hilfe ich baue.

Unveränderliche Wortarten

Adverb

445 • Der **Bedeutung** nach unterscheidet man Adverbien
— des Ortes: *ici, là, derrière, devant (où?/d'où?)*;
— der Zeit: *aujourd'hui, demain, quelquefois, souvent, toujours (quand?/combien de fois?/combien de temps?)*;
— der Art und Weise: *bien, mal, vite, longuement (comment?)*;
— des Grades: *très, peu, beaucoup, assez (combien?)*.

446 Adverbien, die nicht durch Interrogativadverbien erfragt werden können, bezeichnet man als Modalwörter wie
oui, si, non, bien sûr, peut-être, heureusement
Modalwörter beziehen sich auf den ganzen Satz.

447 • Der **Form** nach unterscheidet man
— ursprüngliche Adverbien: *déjà, toujours, près, loin*;
— adverbiale Wendungen: *tout de suite, tout à coup, sans doute*;
— als Adverb gebrauchte Adjektive: parler *haut/bas*; acheter, vendre, coûter *cher*; sentir *bon/mauvais/drôle*; voter *communiste*; s'habiller *jeune*;
— abgeleitete Adverbien: *gratuitement, longuement, pratiquement*.

Bildung abgeleiteter Adverbien

448 Im Französischen unterscheidet sich das Adverb vom prädikativen Adjektiv:
Adjektiv: Mme Masson est très *active* dans le syndicat. ... ist aktiv
Adverb: Elle travaille *activement* dans son syndicat. ... arbeitet aktiv mit

449 Beachte den Bedeutungswandel in einigen Fällen:

La situation de Jean n'est pas *drôle*.	Jeans Lage ist nicht *rosig*.
C'est *drôlement* difficile pour lui de trouver du travail.	Es ist *ganz schön* schwierig für ihn, Arbeit zu finden.
C'est *juste* ce que tu dis.	Es ist *richtig*, was du sagst.
Mais aujourd'hui, *justement*, il a trouvé du travail.	Aber *gerade* heute hat er Arbeit gefunden.
Nous ne sommes pas *seuls* ici.	Wir sind hier nicht *allein*.
Il faut *seulement* vingt minutes jusqu'à la gare.	Bis zum Bahnhof braucht man *nur* zwanzig Minuten.

Für die Ableitung des Adverbs gilt:

	Adjektiv	→	Adverb
450	— **feminine** Form und Endung *-ment*:		
	(gratuit), *gratuite*; (pratique), *pratique*; (lent), *lente*	→	**gratuitement, pratiquement, lentement**
451	— (, wenn es ausgeht auf Vokal: *-ai*, *-é*, *-i*, *-u*) maskuline Form und Endung *-ment*:		
	vrai, *aisé*, *joli*, *absolu*	→	**vraiment, aisément, joliment, absolument**
	! gai	→	**gaiement** und **gaîment**
	gentil [*ʒãti*]	→	**gentiment** [*ʒãtimã*]
452	— *énorme*, *précis*, *profond*, *commun* mit der Endung *-ément*	→	**énormément, précisément, profondément, communément**
453	— auf *-ant*, *-ent* mit der Endung *-ammant* bzw. *-emment* [*amã*]		
	suffisant, *fréquent*	→	**suffisamment, fréquemment**
454	! bon	→	**bien** (↗ auch 466)
	mauvais		**mal**
	(rapide)		**vite** (neben *rapidement*)

455 Lassen sich keine Adverbien ableiten, gebraucht man Umschreibungen:

Claude est fâché. → Il m'a répondu *d'un ton fâché*.	Claude ist verärgert. Er hat mir ärgerlich geantwortet.
! parler *haut*	laut sprechen
une industrie *hautement* développée	eine hochentwickelte Industrie

456 Statt abgeleiteter Formen werden oft auch mit Präposition + Substantiv gebildete adverbiale Wendungen benutzt:

Les enfants m'écoutent *avec patience.* (statt ... *patiemment*)	Die Kinder hören mir geduldig zu.

Vergleich (Steigerung)

457 Der Vergleich wird ebenso wie beim Adjektiv ausgedrückt (↗ auch 359):

Jean a parlé Roger parle Pierre parle	**aussi** **plus** **moins**	longuement	**que**	Jacques.
Luc a parlé Bernard a parlé	**le plus** **le moins**	longuement		(de tous).

458 Einige Adverbien haben unregelmäßige Steigerungsformen:

bien	gut	**mieux**	**le mieux**
mal	schlimm (!)	**pis**	**le pis**
peu	wenig	**moins**	**le moins**
beaucoup	viel	**plus**	**le plus**

! — *mal* in der Bedeutung «schlecht» wird regelmäßig gesteigert!
— *tant pis:* «das macht auch nichts, das ist dann auch nicht so schlimm».

Stellung des Adverbs

459 • Adverbien als Adverbialbestimmung des Ortes oder der Zeit können sowohl an den Anfang als auch ans Ende des Satzes gestellt werden (↗ auch 72). Anders als im Deutschen steht nach satzeinleitenden Adverbialbestimmungen ein Komma. Die normale Satzgliedfolge bleibt erhalten (↗ 40):

Demain, je partirai.	Morgen breche ich auf.
Je partirai *demain* (et non aujourd'hui).	Ich breche morgen auf (und nicht heute).

460 • Das Verb näher bestimmende Adverbien stehen im allgemeinen

— hinter der konjugierten Verbform:

Jean-Pierre parle *longuement* à la réunion.	Jean-Pierre spricht ausführlich auf der Versammlung.

461 — in zusammengesetzten Zeiten vor oder hinter dem *participe* (↗ 63):

Nous avons travaillé *beaucoup*.	Wir haben ″viel gearbeitet.
Nous avons *beaucoup* travaillé.	Wir haben viel ″gearbeitet.

462 — vor dem Infinitiv, wenn sie kurz sind; längere Adverbien werden meist nachgestellt:

Jean n'aime pas *trop parler*.	Jean redet nicht gern viel.
Mais aujourd'hui, il doit *parler longuement* à la réunion.	Aber heute muß er ausführlich auf der Versammlung sprechen.

463 • Bezogen auf den Inhalt des Satzes stehen Adverbien am Satzanfang:

Vraiment, la discussion a été intéressante.	Wirklich, die Diskussion war interessant.
Aber: La discussion a été *vraiment* intéressante.	Die Diskussion war ″wirklich interessant.

Gebrauch des Adverbs

464 Mit bestimmten Adverbien kann man ein Verb, ein Adjektiv oder auch ein anderes Adverb verstärken (dtsch. «sehr, viel, ganz [und gar], völlig»):

très, bien, tout +		Adjektiv	
Les enfants sont *très/bien/tout petits*.			sehr/ganz (schön) klein
très, bien, tout +		Adverb	
Christian va *très/bien*		*souvent* à la piscine.	sehr oft
Il y va *tout*		*doucement* à pied.	ganz langsam
beaucoup, bien		beim Verb	
J'*aime beaucoup/bien* la musique moderne.			sehr

465 ! — *très* kann Verben nicht näher bestimmen.

— *beaucoup* kann Adjektive und Adverbien nicht näher bestimmen, außer beim Komparativ:

Ces activités sont *beaucoup plus intéressantes*.	Diese Tätigkeiten sind sehr viel interessanter.
Ton frère sait *beaucoup mieux* jouer de la guitare que moi.	Dein Bruder kann sehr viel besser Gitarre spielen als ich.

466 *bien* kann auch adjektivisch gebraucht werden, und zwar attributiv und prädikativ:

Votre professeur *est bien.*	Euer/Ihr Lehrer ist tüchtig/gut.
C'est un homme *bien.*	Das ist ein prächtiger Mensch.
aber: Ce plat est *bon.*	Das Essen schmeckt gut.

467 Deutschen Adverbien entsprechen im Französischen häufig verbale Umschreibungen (↗ 195 ff.):

J'*aime faire* du sport.	Ich treibe *gern* Sport.
J'*espère* que tu viendras. (↗ 506)	*Hoffentlich* kommst du.
Nous *sommes en train de* ranger la chambre.	Wir räumen *gerade* das Zimmer auf.

Präpositionen

468 Präpositionen leiten nähere Bestimmungen ein.
Dabei werden in der Regel *à*, *de* und *en* bei mehreren Ergänzungen wiederholt: Sylvie téléphone *à* Nathalie et *à* Simone.

469 Bei zusammengesetzten Präpositionen wird nur das letzte Glied wiederholt:

Le rayon des livres est *à côté des* disques et *des* souvenirs.	Die Buchabteilung befindet sich neben den Schallplatten und den Geschenkartikeln.

470 In bestimmten Wendungen fehlt die Präposition (↗ auch 283; 475):

Nathalie habite *rue* Jules Verne.	Nathalie wohnt *in* der Jules-Verne-Straße.

471 Einige Präpositionen in ihren Grundbedeutungen zum Ausdruck lokaler, temporaler, kausaler oder modaler Beziehungen:

à drückt aus

- lokale Beziehungen, und zwar
  — allgemeine Lage:

habiter *à* Berlin	in Berlin wohnen
travailler *à* la campagne	auf dem Lande arbeiten

472 — allgemeine Richtung:

aller *à* Paris	nach Paris fahren
écrire *au* tableau	an die Tafel schreiben
jeter *à* l'eau	ins Wasser werfen

473 • temporale Beziehungen:

venir *à* trois heures	um drei Uhr kommen
de cinq heures *à* sept heures	von fünf Uhr bis sieben Uhr
à ce moment-là (↗ auch 479)	zu dem Zeitpunkt, da, damals; dann

474 • modale Beziehungen:

parler *à* haute voix	laut sprechen
écrire une lettre *à* la machine	einen Brief mit Maschine schreiben
une chambre *à* deux lits	ein Zweibettzimmer

475 **dans** drückt aus

• lokale Beziehungen («im Innern von, ins Innere von»):

habiter *dans* un grand immeuble	in einem großen Wohnhaus wohnen
retrouver qn *dans* la rue	jmdn. auf der Straße treffen
prendre qc *dans* l'armoire	etw. aus dem Schrank nehmen
dans Victor Hugo	bei *(d. h. im Werk von)* Victor Hugo

476 • temporale Beziehungen:

rentrer *dans* trois semaines	in drei Wochen zurückkommen *(d. h. nach Abschluß einer im Redemoment beginnenden Zeitspanne)*
dans ma jeunesse	in meiner Jugend

477 • modale Beziehungen:

dans cette situation	in dieser Situation
dans un accident	bei einem Unfall

478 **en** drückt aus

• lokale Beziehungen:

être *en* France	in Frankreich sein
être *en* ville	(unterwegs) in der Stadt sein

479 • temporale Beziehungen:

en ce moment (↗ 473)	im Augenblick, gegenwärtig
en 1983	im Jahre 1983
en été/automne/hiver	im Sommer/Herbst/Winter
! *au* printemps	im Frühling
finir le travail *en* cinq jours/en un an (↗ auch 476)	die Arbeit in fünf Tagen/in einem Jahr fertigstellen *(Zeitdauer)*
! cette année	in diesem Jahr
la semaine prochaine	in der nächsten Woche

480 • modale Beziehungen:

dire qc *en* français	etw. auf Französisch sagen
voyager *en* train	mit dem Zug fahren
une petite maison *en* bois (↗ 562)	ein Holzhäuschen

481 **sur** drückt aus

• lokale Beziehungen:

sur la table	auf dem Tisch
la fenêtre donne *sur* la rue	das Fenster liegt zur Straße hin
sur le mur	an der Wand

482 • modale Beziehungen:

un Français *sur* cinq	jeder fünfte Franzose

483 **par** drückt aus

• lokale Beziehungen:

passer *par* la gare	den Bahnhof passieren *(Zug)*
passer *par* Berlin	über Berlin fahren

484 • temporale Beziehungen:

par un beau jour d'été	an einem schönen Sommertag
par ce temps(-là)	bei diesem Wetter

485 • modale Beziehungen:

gagner 3 000 francs *par* mois	3 000 Francs pro Monat verdienen
envoyer une lettre *par* avion	einen Brief per Luftpost schicken

486 **avant – après** drücken aus

• temporale Beziehungen:

se retrouver *avant* le départ du train	sich vor Abfahrt des Zuges treffen
arriver *avant* qn	vor jemandem ankommen
terminer le travail *avant* le 1er novembre	die Arbeit bis zum 1. November fertigstellen
après le match	nach dem Spiel

487 • lokale Beziehungen:

la station *avant* le pont	die Haltestelle vor der Brücke *(d. h. bevor man zur Brücke gelangt)*
le premier bâtiment *après* les feux	das erste Gebäude hinter der Ampel *(d. h. wenn man die Ampel passiert hat)*

488 **devant – derrière** drücken aus

- lokale Beziehungen:

attendre *devant* la gare	vor dem Bahnhof warten
rester *derrière* la maison	hinter dem Haus bleiben

489 **chez** drückt aus

- lokale Beziehungen (in bezug auf Personen):

chez les Français	bei den Franzosen
aller *chez* des amis	zu Freunden gehen
être *chez* des amis	bei Freunden sein
chez moi	bei mir zu Hause
venir de *chez* soi	von zu Hause kommen

490 **entre – parmi** drücken aus

- lokale Beziehungen:

entre la porte et la fenêtre	zwischen Tür und Fenster

491 • temporale Beziehungen:

entre les cours	zwischen den Unterrichtsstunden

492 • modale Beziehungen:

entre les lignes	zwischen den Zeilen
entre amis	unter *(zwei)* Freunden
parmi mes camarades	unter meinen Freunden *(mehrere)*

493 Eine temporale Beziehung drückt ferner aus:

il y a + Zeitangabe:

Il y a deux mois nous étions à la mer.	Vor zwei Monaten waren wir am Meer. *(Zeitpunkt!)*

il y a + Zeitangabe + **que**:

Il y a une heure que je t'attends.	Seit einer Stunde warte ich auf dich. *(Zeitraum!)*

Ebenso: Je t'attends *depuis* une heure.

Konjunktionen

494 • **Koordinierende** (bei- oder nebenordnende) Konjunktionen drücken zwischen den miteinander verbundenen Wörtern, Wortgruppen oder auch Sätzen (hierzu ↗ 505) u. a. aus

— eine Aufzählung:	
et und	mon père *et* ma mère
495 — einen Gegensatz:	
mais aber, sondern **cependant** dennoch, indessen	Roger n'est pas grand, *mais* fort. Roger ist nicht groß, aber stark.
496 — eine Auswahl:	
ou oder **ou . . . ou** entweder . . . oder	aujourd'hui *ou* demain
497 — eine Begründung:	
car denn	Il ne viendra pas, *car* il est malade. Er kommt nicht, denn er ist krank.

498 **Subordinierende** (unterordnende) Konjunktionen leiten Nebensätze ein, und zwar solche

— der Zeit (↗ 509–512)	**quand** wenn, als; **lorsque** als; **pendant que** während; **avant que*** bevor
499 — des Grundes (↗ 513–515)	**parce que** weil; **comme** da
500 — der Folge (↗ 519)	**si bien que, de sorte que, de manière que** so daß; **si . . . que** so . . . daß
501 — der Art und Weise (↗ 179, 224)	**sans que*** ohne daß
502 — des Zwecks, der Absicht (↗ 516, 517)	**pour que*, afin que*** damit, **de sorte que*** so daß, damit
503 — der Einräumung: (↗ 518)	**bien que*, quoique*** obwohl, obgleich
504 — der Bedingung (↗ 520–525)	**si** wenn; **au cas où** falls, für den Fall, daß

Nach den durch Stern gekennzeichneten Konjunktionen steht das Verb des von ihnen eingeleiteten Nebensatzes im *subjonctif* (↗ auch 179).

DER ZUSAMMENGESETZTE SATZ

505 Sätze gleichen Grades werden mit Hilfe von koordinierenden Konjunktionen (↗ 494) oder Adverbien wie *puis* «dann, darauf», *pourtant* «dennoch, trotzdem», *c'est pourquoi* «deshalb, daher», *par conséquent* «folglich» zu **Satzverbindungen** verknüpft:
L'appartement des Masson est agréable, *mais* il est cher. Il est cher et beaucoup trop petit, *c'est pourquoi* ils vont bientôt déménager.

506 Sätze unterschiedlichen Grades werden zu einem **Satzgefüge** verknüpft. Anders als im Deutschen gibt es im Französischen keine uneingeleiteten Nebensätze:
J'espère *qu'*il viendra. Ich hoffe, er kommt.

Je nach **Art** des Einleitewortes kann der Nebensatz eines Satzgefüges sein

- ein Konjunktionalsatz (↗ 508–525):

Pierre est resté à la maison *parce qu'*il attendait des amis.	Pierre ist zu Hause geblieben, weil er Freunde erwartete.

- ein Relativsatz (↗ 526–529):

Tu cherches le foulard *que* tu as perdu hier?	Suchst du das Halstuch, das du gestern verloren hast?

- ein indirekter Fragesatz (↗ 531, 533–537):

Je me demande *où* j'ai perdu mon foulard.	Ich frage mich, wo ich mein Tuch wohl verloren habe.

507 Infinitivkonstruktionen (↗ 223, 224) und Partizipialkonstruktionen (↗ 230 ff.) sind nebensatzähnliche Konstruktionen, die normalerweise nicht durch ein Einleitewort mit dem Hauptsatz verknüpft sind:

Avant de partir, range ta chambre.	Bevor du gehst, räum dein Zimmer auf!
Rentrée de Paris, Isabelle parle de son voyage à ses amies.	Nachdem sie aus Paris zurück ist, berichtet Isabelle ihren Freundinnen von ihrer Reise.

Adverbialsätze

508 Durch Konjunktionen eingeleitete Nebensätze (↗ 506) können im Satzgefüge der **Funktion** nach Adverbialsätze sein. Dabei unterscheidet man je nach Bedeutung der Konjunktion Temporalsätze, Kausalsätze, Konsekutivsätze, Finalsätze, Konzessivsätze und Konditionalsätze. Adverbialsätze drücken also eine Zeitangabe, eine Ursache, eine Folge, einen Zweck, eine Einräumung, eine Bedingung aus.

Temporalsatz

509 • **quand – lorsque – pendant que**

drücken die Gleichzeitigkeit der im übergeordneten Satz und im Nebensatz bezeichneten Handlungen aus:

Quand il faisait beau, je faisais des promenades.	Wenn schönes Wetter war, ging ich spazieren.

510 Dabei können *quand* und *lorsque* bezeichnen

— eine einmalige Handlung *(= au moment où)*:

Quand nous partirons en vacances, il fera sûrement beau.	Wenn wir verreisen, ist ganz bestimmt schönes Wetter.

— eine wiederholte Handlung *(= chaque fois que)*:

Quand je travaille, je n'aime pas écouter la radio.	(Immer) Wenn ich arbeite, höre ich nicht gern Radio.

In der Vergangenheit ablaufende Handlungen können durch unterschiedliche Zeitformen näher bestimmt werden. (↗ 145, 146, 149, 155–157)

511 • **avant que**

drückt aus, daß die Handlung des Temporalsatzes nach der des übergeordneten Satzes liegt. Nach *avant que* steht das Verb im *subjonctif*:

Beaucoup de mois passeront *avant qu*'on se *revoie.*	Viele Monate werden vergehen, bevor wir uns wiedersehen.

512 Wenn beide Verben das gleiche Subjekt haben, **muß** statt des Konjunktionalsatzes im *subjonctif* die durch die entsprechende Präposition eingeleitete Infinitivkonstruktion stehen (↗ 224):

Avant de monter en voiture, Bernard achète des journaux.	Bevor *Bernard* einsteigt, kauft *er* Zeitungen.

Kausalsatz

513 • **parce que**
ist die gebräuchlichste, einen kausalen Nebensatz einleitende Konjunktion:

Christine n'est pas venue *parce qu*'elle avait une réunion. — Christine ist nicht gekommen, weil sie eine Versammlung hatte.

514 Mit *parce que* gibt man außerdem eine erklärende Antwort auf eine mit *pourquoi* gestellte Frage:

Pourquoi est-ce que tu n'es pas venu? – *Parce que* j'avais une réunion. — Warum bist du nicht gekommen? – Weil ich eine Versammlung hatte.

515 • **comme**
leitet einen in der Regel **vor** dem übergeordneten Satz stehenden kausalen Nebensatz ein:

Comme Christine avait une réunion, elle n'est pas venue. — Da Christine eine Versammlung hatte, ist sie nicht gekommen.

Finalsatz

516 • **pour que – afin que**
drücken einen Zweck, eine Absicht aus. Nach beiden Konjunktionen steht der *subjonctif*:

On lui a dit tout *pour qu*'il *sache* quoi faire. — Man hat ihm alles gesagt, damit er weiß, was zu tun ist.

517 Haben beide Verben das gleiche Subjekt, **muß** statt des Konjunktionalsatzes die Infinitivkonstruktion gebraucht werden (↗ auch 224):

On a fait des grandes promenades à vélo pour mieux connaître cette région. — Wir haben große Radtouren unternommen, um diese Gegend besser kennenzulernen.

Konzessivsatz

518 Im mit *bien que*, *quoique* eingeleiteten Konzessivsatz steht das Verb im *subjonctif*:

Bien qu'il *fasse* froid, je sors. — Obwohl es kalt ist, gehe ich hinaus.
Roger joue au football *bien qu*'il *ait* mal au pied. — Roger spielt Fußball, obwohl er einen schlimmen Fuß hat.

Konsekutivsatz

519 Nach *si bien que*, *de sorte que*, *de manière que* steht in der Regel der *indicatif*:

Le train avait du retard, *si bien que* Bernard et Sylvie ont manqué la correspondance pour Clères.

Der Zug hatte Verspätung, so daß Bernard und Sylvie den Anschlußzug nach Clères verpaßt haben.

Konditionalsatz

520 Der Konditionalsatz wird durch *si*, seltener durch *au cas où* eingeleitet.

- Der Konditionalsatz bezeichnet eine **Möglichkeit**, und zwar

— eine **reale** Möglichkeit.

Tritt diese Möglichkeit ein, ist also die genannte Bedingung erfüllt, wird auch die im Hauptsatz bezeichnete Handlung möglich:

Bedingungssatz	Hauptsatz
présent ⟶	présent/futur/impératif
Si tu ***pars*** (aujourd'hui),	où est-ce que tu ***vas/iras***?
Wenn du (heute) wegfährst,	wo fährst du hin?
Si tu ***veux*** t'amuser (aujourd'hui),	***va*** au cinéma.
Wenn du dich (heute) gut unterhalten willst, geh ins Kino.	
passé composé ⟶	passé composé/futur
S'il ***a plu*** (ce matin),	Sylvie n'***est*** pas ***sortie***.
Wenn es (heute morgen) geregnet hat, ist Sylvie nicht weggegangen.	
Si Jean ***a manqué*** la correspondance,	il n'***arrivera*** pas à l'heure.
Wenn Jean den Anschlußzug verpaßt hat, kommt er nicht pünktlich an.	

521 — eine **sehr wahrscheinliche** Möglichkeit.

Erfüllt sich die Annahme, die genannte Bedingung, wird auch die im Hauptsatz bezeichnete Handlung möglich:

Bedingungssatz		Hauptsatz
imparfait	⟶	conditionnel présent
Si tu *déménageais* (demain),		je *pourrais* t'aider.
Wenn du (morgen) umziehen solltest, könnte ich dir helfen.		

522 • Der Konditionalsatz bezeichnet eine **Nichtwirklichkeit,** und zwar
— eine Möglichkeit, die **unwahrscheinlich** ist.
Damit ist auch die im Hauptsatz bezeichnete Handlung unwahrscheinlich:

Hauptsatz		Bedingungssatz
conditionnel présent	⟶	imparfait
Qu'est-ce que vous *feriez*,		***si*** on vous *proposait* une excursion?
Was würden Sie tun,		wenn man Ihnen einen Ausflug vorschlagen würde?
(Mais on ne vous la proposera sûrement pas.)		

523 — eine Möglichkeit, die in der **Gegenwart nicht realisierbar** ist bzw. in der **Vergangenheit nicht realisiert** worden ist. Damit ist auch die im Hauptsatz bezeichnete Handlung unmöglich:

Hauptsatz	Bedingungssatz
conditionnel présent	imparfait
Vous *aimeriez* vivre à Paris,	***si*** vous *étiez* Français?
Würden Sie in Paris wohnen wollen,	wenn Sie Franzose wären?
(Mais vous n'êtes pas Français.)	
conditionnel passé	plus-que-parfait
Tu *aurais acheté* ce disque,	***si*** tu *avais eu* de l'argent?
Hättest du die Platte gekauft,	wenn du Geld gehabt hättest?
(Mais tu n'avais pas d'argent, et tu n'as pas acheté ce disque.)	

524 Unterscheide also:

S'il fait beau et *que* j'ai moins de travail, je partirai en fin de semaine.	Wenn *(Falls)* schönes Wetter ist und ich weniger Arbeit habe, fahre ich übers Wochenende weg.
Quand il fait beau et *que* j'ai peu de travail, je pars en fin de semaine.	*(Immer)* Wenn schönes Wetter ist und ich wenig Arbeit habe, fahre ich übers Wochenende weg.

525 [!] Bei mehreren Nebensätzen gleichen Grades kann die einleitende Konjunktion durch *que* wiederaufgenommen werden.

Relativsatz

526 Das Verb des Relativsatzes steht in der Regel im Indikativ:

Le bâtiment *que* tu peux voir d'ici est le Louvre. — Das Gebäude, das du von hier aus sehen kannst, ist der Louvre.

Je ne connais pas le problème *dont* tu parles. — Ich kenne das Problem nicht, von dem du sprichst.

Ist aber das Beziehungswort verneint, steht der *subjonctif*:

Je ne connais *pas de problème qui soit* plus grave. — Ich kenne kein Problem, das ernster wäre. *(Das Vorhandensein des Problems wird geleugnet.)*

(Zum *subjonctif* im Relativsatz ↗ 172, 174.)

527 Ist das Beziehungswort ein Superlativ, kann statt eines Relativsatzes auch der Infinitiv mit *à* gebraucht werden:

Roger est *le dernier à se plaindre.* — Roger ist der letzte, der sich beklagen würde.

528 Beim Relativsatz steht

— **kein** Komma, wenn er das Beziehungswort näher bestimmt und damit unentbehrlicher Bestandteil des Satzes ist:

Tu me donnes le disque *qui* est sur la table? — Gibst du mir "die Platte, die auf dem Tisch liegt?

529 — ein Komma, wenn er eine zusätzliche Aussage über die Beziehungsgröße trifft, die für den Sinn des Satzes aber entbehrlich wäre:

Ce disque, *qui* coûte cher, est mon disque préféré. — Diese Platte, die *(übrigens)* teuer ist, ist meine Lieblingsplatte.

Le centre Beaubourg, *qui* a été ouvert en 1977, attire beaucoup de visiteurs. — Beaubourg, das 1977 eröffnet wurde, zieht viele Besucher an.

(Zum Relativpronomen ↗ 435–444.)

Redewiedergabe

530 Der Sprecher bzw. Schreiber kann eine sprachliche Äußerung direkt, d. h. wörtlich, oder auch indirekt, d. h. nichtwörtlich wiedergeben.

● Einen indirekten Aussagesatz leitet man mit der Konjunktion *que* ein:

Bernard dit *qu'*il part en Normandie. — Bernard sagt, daß er in die Normandie fährt.

531 ● Einen indirekten Fragesatz leitet man mit demselben Fragewort ein wie eine direkt gestellte Frage. Es entfällt jedoch die Frageformel *est-ce que*:

Sylvie demande à son frère *quand* il veut partir. — Sylvie fragt ihren Bruder, wann er fahren will.

532 ● Einen indirekten Aufforderungssatz gibt man durch *de* + *infinitif* wieder:

Sylvie dit à son frère *de prendre* les billets. — Sylvie sagt ihrem Bruder, daß er die Fahrkarten kaufen soll.

In indirekter Rede bleibt in den Nebensätzen die normale Satzgliedfolge der direkten Rede erhalten (↗ auch 40).

Indirekter Fragesatz

533 Eine Entscheidungsfrage (↗ 49 ff.) in der indirekten Rede leitet man mit *si* «ob» ein. Vor *il(s)* schreibt man *s'il(s)*:

Bernard demande *si* le prix de l'eau est compris dans le loyer. — Bernard fragt, ob das Wassergeld in der Miete einbegriffen ist.

(dir. Frage: *Est-ce que* le prix de l'eau est compris dans le loyer?)

Il voudrait savoir *s'*il y a beaucoup de demandes de logement. — Er möchte gern wissen, ob es viele Wohnungsanträge gibt.

(dir. Frage: *Est-ce qu'*il y a beaucoup de demandes de logement?)

534 Eine Ergänzungsfrage (↗ 55 ff.) in der indirekten Rede leitet man mit Fragewörtern wie *qui*, *quel*, *pourquoi*, *où*, *comment*, *quand*, *combien* ein:

Bernard aimerait savoir encore *combien de* loyer on paie dans les nouveaux immeubles. — Bernard möchte noch gern wissen, wieviel Miete man in den Neubauwohnungen zahlt.

(dir. Frage: Combien de loyer *est-ce qu'*on paie dans ces immeubles?)

Jean demande *quelle* part du salaire le loyer représente. — Jean fragt, den wievielten Teil vom Lohn die Miete ausmacht.

(dir. Frage: Quelle part du salaire *est-ce que* le loyer représente?)

535 ! Bei prädikativem Gebrauch von *quel* bleibt die Inversion (Prädikat – Subjekt, ↗ 57) erhalten:

Bernard demande *quels sont les moyens de transport* qui existent.	Bernard fragt, welche Verkehrsmittel es gebe.

(dir. Frage: *Quels sont les moyens de transport* qui existent?)

536 Eine indirekte Frage nach einem Sachsubjekt bzw. -objekt wird stets eingeleitet durch ***ce qui*** bzw. ***ce que***, deutsch «was»:

Je te demande *ce qui* est juste.	Ich frage dich, was richtig ist.

(dir. Frage: *Qu'est-ce qui* est juste?)

Je voudrais bien savoir *ce que* tu veux.	Ich wüßte gern, was du willst.

(dir. Frage: *Qu'est-ce que* tu veux?)

537 Bei indirekter Frage nach einem Personensubjekt bzw. -objekt jedoch:

Bernard aimerait savoir *qui* participera à la réunion.	Bernard möchte gern wissen, wer an der Versammlung teilnehmen wird.

(dir. Frage: *Qui est-ce qui* participera à la réunion?)

Je te demande *qui* tu invites à y aller.	Ich frage dich, wen du aufforderst, dort hinzugehen.

(dir. Frage: *Qui est-ce que* tu invites à y aller?)

Zeitenfolge im abhängigen Satz

538 In der indirekten Rede ist die Zeitform des im Nebensatz stehenden Verbs abhängig von der Zeitform des Verbs im (einleitenden) Hauptsatz:

Hauptsatz	indirekte Rede	
présent Pierre *dit*	que l'exposition *est* intéressante.	*présent:* Gleichzeitigkeit
	qu'il *a lu* quelque chose sur l'exposition.	*passé composé:* Vorzeitigkeit
	qu'il *ira* à l'exposition.	*futur:* Nachzeitigkeit

539 Steht das Verb des Sagens, Denkens, Fragens im (einleitenden) Hauptsatz in einer Zeitform der Vergangenheit, ergeben sich folgende Veränderungen:

Hauptsatz	indirekte Rede	
Pierre *a dit* Pierre *disait* Pierre *avait dit*	que l'exposition *était* intéressante.	*imparfait:* Gleichzeitigkeit
	qu'il *avait lu* quelque chose sur l'exposition.	*plus-que-parfait:* Vorzeitigkeit
	qu'il *irait* à l'exposition.	*conditionnel:* Nachzeitigkeit

540 Zum Ausdruck eines noch andauernden Zustands oder Vorgangs oder einer allgemeingültigen Feststellung ist auch nach einer Zeitform der Vergangenheit das *présent* im Nebensatz möglich:

Je lui *ai dit* que je n'*ai* pas d'argent.	Ich habe ihm gesagt, daß ich kein Geld habe.
Marc *savait* que Marseille *est* le premier port de France.	Marc wußte, daß Marseille der bedeutendste französische Hafen ist.

541 Die Formen des *imparfait du subjonctif* und des *plus-que-parfait du subjonctif* werden in der Gegenwartssprache kaum noch verwendet. Man begegnet heute fast nur:

présent du subjonctif:	Je veux	qu'il *parte* avant midi.
passé composé du subjonctif:	Je voulais	qu'il *soit parti* avant cinq heures.

(↗ auch 167)

WORTBILDUNG UND ORTHOGRAPHIE

542 Neue Wörter werden im Französischen gebildet durch

- Ableitung, d. h.

— Anfügen eines Wortbildungsmorphems (Suffix oder Präfix) an ein Stammorphem (Wortstamm) bzw. an ein Wort: **vendre** – vend*eur*; journal – journal*iste*; voir – *re*voir.

543 — Substantivierung anderer Wortarten (– Adjektiv, Infinitiv, Adverb, Präposition –) mit Hilfe des Artikels: *le vrai* das Wahre, *le gris* das Grau, *le boire* das Trinken, *le bien* das Gut(e), *le pour* das Für, *le contre* das Wider.

544 • Zusammensetzung:
Zwei Wörter gleicher oder verschiedener Wortarten werden zu einem neuen Wort verbunden: *une voiture-couchettes* Liegewagen, *un porte-avions* Flugzeugträger, une *zone-piétons* Fußgängerzone.

Wortbildung durch Ableitung

Ableitung mit Suffixen

545 • bei Substantiven

Suffixe	
	Bezeichnung der Staatszugehörigkeit, der geographischen Herkunft
-ain, -aine **-ais, -aise** **-ois, -oise** **-ien, -ienne**	*Roumain* Rumäne *Français* Franzose *Berlinois* Berliner *Parisien* Pariser

	Suffixe	
546		Bezeichnung von Tätigkeit, Beruf
	-ant, -ante	*commerçant* Kaufmann, *étudiant* Student
	-eur, -euse	*travailleur* Arbeiter, *vendeur* Verkäufer
	-(i)er, -(i)ère	*boulanger* Bäcker, *routier* Fernfahrer
	-ien, -ienne	*technicien* Techniker, *pharmacien* Apotheker
	-iste	*bouquiniste* Buchhändler, *métallurgiste* Metallurge
547		Bezeichnung einer Handlung
	-age	*élevage* (Tier-)Produktion, *ménage* Haushalt
	-(a)tion	*invitation* Einladung, *production* Produktion
	-ment	*déménagement* Umzug, *entraînement* Training
548		Bezeichnung eines für bestimmte Tätigkeiten vorgesehenen Ortes
	-erie	*boucherie* Fleischerei, *boulangerie* Bäckerei

- bei Adjektiven

	Suffix	Bedeutung	Beispiel
549	**-able** **-ible**	möglich/geeignet sein	*acceptable* annehmbar *lavable* waschecht *lisible* lesbar
550	**-ais, -aise** **-ien, -ienne** **-ois, -oise**	Staatszugehörigkeit, geographische Herkunft	un écrivain *français* un vin *algérien* la bière *berlinoise*

551 • bei Verben

Endung	Beispiele
-iser	*nationaliser* verstaatlichen, *économiser* sparsam umgehen, sparsam wirtschaften
-ifier	*modifier* (ab-, um-)ändern, *justifier* rechtfertigen, begründen

Ableitung mit Präfixen

552 Mit ein und demselben Präfix können sowohl Substantive und Adjektive als auch Verben abgeleitet werden. Anders als durch das Suffix erfolgt durch das Präfix also keine Zuordnung zu einer bestimmten Wortart.

	Präfix	Bedeutung	Beispiele
553	**anti-**	gegen	*antimilitarisme* Antimilitarismus *anticonstitutionnel* verfassungswidrig
554	**dé-, dés-, dis-**	von etwas weg	*découragement* Entmutigung *désespérer* verzweifeln, *disparaître* verschwinden *dissimilaire* ungleich
555	**in-, im-, ir-, il-**	Verneinung; hinein	*inactivité* Untätigkeit *incorrect* fehlerhaft, *impossible* unmöglich, *irrégulier* unregelmäßig, *illégal* ungesetzlich *immigration* Einwanderung *importer* einführen, importieren
556	**pré-**	im voraus, vor	*prénom* Vorname *préscolaire* vorschulisch *préfabriquer* vorfertigen
557	**re-, ré-, r-**	wieder, noch einmal; zurück	*recommencement* Wiederbeginn *relire* noch einmal lesen *refaire* rekonstruieren, renovieren *renvoyer* zurückschicken
558	**sur-** (↗ auch 559)	über, zu hoch	*surprix* Überpreis *surhumain* übermenschlich *surpayer* überbezahlen, zu teuer bezahlen

Wortbildung durch Zusammensetzung

559 • bei Substantiven

Substantiv + Substantiv	une station-service un club théâtre	Tankstelle Theaterzirkel
Verb + Substantiv	un réveille-matin un tourne-disque	Wecker Plattenspieler
Adjektiv + Substantiv	le grand-père le petit-fils	Großvater Enkel
Adverb/Präposition + Substantiv	un haut-parleur un sous-produit	Lautsprecher Nebenprodukt

Durch unterschiedliche Präpositionen werden unterschiedliche Bedeutungsbeziehungen ausgedrückt, z. B.:

560	**de**	une salle *de* bains une calculatrice *de* poche aber: un timbre-poste	Badezimmer Taschenrechner Briefmarke	gelegen/genutzt unter best. Umständen
		une monnaie *d'*or	Goldmünze	hergestellt aus
561	**à**	une boîte *aux* lettres la machine *à* écrire la tasse *à* café ! une tasse ***de*** café (Teilungsartikel bei Mengenangabe)	Briefkasten Schreibmaschine Kaffeetasse eine Tasse Kaffee	dient zu, bestimmt für
		une tarte *aux* abricots une glace *à la* vanille une chambre *à* deux lits	Aprikosentorte Vanille-Eis Zweibettzimmer	gemacht mit, bestehend aus
562	**en** ↗ 560	un sac *en* cuir une serviette *en* papier	Ledertasche Papierserviette	hergestellt aus

563 • bei Adjektiven

Adjektiv + Adjektiv	aigre-doux politico-économique	süß-sauer wirtschafts-politisch
Präposition + Adjektiv	avant-dernier sous-marin	vorletzte(r) unterseeisch

Schreibregeln

• Großschreibung

564 Substantive werden im Französischen in der Regel klein geschrieben. Mit großem Anfangsbuchstaben schreibt man

— Eigennamen:

Bernard, la France, la Seine, les Alpes.

565 — Bezeichnungen für Bewohner eines Landes, einer Stadt usw.:

un Français, un Parisien, un Marseillais;
aber: une chanson française.

566 — amtliche Länderbezeichnungen, Bezeichnungen für staatliche Institutionen, gesellschaftliche, kulturelle u. ä. Einrichtungen:

la République démocratique allemande, l'Union soviétique; le Parti communiste français;
le Ministère de l'Education nationale, la Tour Eiffel.

567 — Himmelsrichtungen, wenn sie ein Gebiet bezeichnen:

dans le Nord de la France, l'Amérique du Sud;
aber: au *nord* de Paris *nördlich* von Paris.

568 — Bezeichnungen für Festtage:

Pâques, Noël.

569 — Bezeichnungen von Flugzeug-, Schiffs-, Autotypen u. ä.:

le Concorde, le France, une Citroën [*sitʀɔɛn*], l'Airbus.

570 — die Anredeformen *monsieur*, *madame*, *mademoiselle* in Verbindung mit Namen:

Monsieur Masson (M. Masson), Madame Lenoir (Mme Lenoir), Mademoiselle Durand (Mlle Durand).

Ferner werden groß geschrieben

571 — attributives Adjektiv in erdkundlichen Namen:

le mont Blanc, l'océan Atlantique, la mer Baltique.

572 — das Bestimmungswort in Namen von Straßen, Plätzen u. dgl.:

la place *Rouge*, la place de la *République*, la gare de l'*Est*.

- Silbentrennung

573 Im Französischen wird nach Sprechsilben getrennt, wobei
— ein einzelner Konsonant zwischen zwei Vokalen zur nächsten Silbe kommt:
mai-son, cho-co-lat, ca-deau
— bei mehreren Konsonanten zwischen Vokalen nur der letzte zur nächsten Silbe kommt:
man-ger, fer-mer, res-ter, comp-ter

574 **Nicht** getrennt werden
— eine Klangeinheit bildende aufeinanderfolgende Vokale:
lion [*ljõ*], lier [*lje*], nier [*nje*], ap-pré-cier [*-sje*];
aber: agré-able [*agʀeabl*]

575 — Konsonantenverbindungen mit (nachfolgendem) *l* oder *r*:
ta-ble, en-trer, ar-bre, em-ployé, vi-vre

576 — die Verbindung *gn*:
ga-gner, bai-gner, cam-pagne

577 — *x* oder *y* zwischen Vokalen:
exa-men, en-nuyer, payer, en-voyer

578 — in der Regel tonlose Endsilben:
blanche, chaise, gauche, heure, his-toire, gram-maire.

SACHREGISTER

Die hinter den Stichwörtern angegebenen Ziffern verweisen auf die Leitzahlen. Halbfett gedruckte Ziffern verweisen auf die Abschnitte, unter denen das Stichwort ausführlich behandelt ist.
Stichwörter, die aus dem Inhaltsverzeichnis ersichtlich sind, wurden im Register nicht erfaßt.
Die wichtigsten unregelmäßigen Verben sind, alphabetisch geordnet, unter der Leitzahl 110 aufgeführt.

A

B

C

D

E

N

O

P

Q

R

S